改革开放进程中的经济学家学术自传

张卓元　高培勇　主编

房维中学术自传

房维中◎著

ACADEMIC AUTOBIOGRAPHY OF FANG WEIZHONG

SPM

南方出版传媒

广东经济出版社

·广州·

图书在版编目（CIP）数据

房维中学术自传／房维中著．—广州：广东经济出版社，2020.1

（改革开放进程中的经济学家学术自传）

ISBN 978-7-5454-6841-0

Ⅰ．①房…　Ⅱ．①房…　Ⅲ．①房维中—自传　②经济学—文集　Ⅳ．①K825.3　②F-53

中国版本图书馆CIP数据核字（2019）第231497号

出 版 人：李　鹏
责任编辑：毛一飞
责任技编：陆俊帆

房维中学术自传
FANG WEIZHONG XUESHU ZIZHUAN
房维中　著

出版发行	广东经济出版社（广州市环市东路水荫路11号11-12楼）
经销	全国新华书店
印刷	恒美印务（广州）有限公司（广州市南沙经济技术开发区环市大道南路334号）
开本	787毫米×1092毫米　1/16
印张	11.75
字数	132千字
版次	2020年1月第1版
印次	2020年1月第1次
书号	ISBN 978-7-5454-6841-0
定价	78.00元

广东经济出版社网址：http://www.gebook.com　微博：http://e.weibo.com/gebook
图书营销中心地址：广州市环市东路水荫路11号11楼
电话：（020）87393830　邮政编码：510075
如发现印装质量问题，影响阅读，请与承印厂联系调换
广东经济出版社常年法律顾问：胡志海律师

《改革开放进程中的经济学家学术自传》丛书分册名录

（按姓氏音序排列）

1.《白重恩学术自传》
2.《蔡昉学术自传》
3.《常修泽学术自传》
4.《陈东琪学术自传》
5.《陈锡文学术自传》
6.《迟福林学术自传》
7.《樊纲学术自传》
8.《范恒山学术自传》
9.《房维中学术自传》
10.《高培勇学术自传》
11.《高尚全学术自传》
12.《郭克莎学术自传》
13.《洪银兴学术自传》
14.《黄达学术自传》
15.《黄群慧学术自传》
16.《贾康学术自传》
17.《江小涓学术自传》
18.《金碚学术自传》
19.《李实学术自传》
20.《李晓西学术自传》
21.《厉以宁学术自传》
22.《林兆木学术自传》
23.《刘诗白学术自传》
24.《刘世锦学术自传》
25.《刘树成学术自传》
26.《刘伟学术自传》
27.《马建堂学术自传》
28.《彭森学术自传》
29.《宋晓梧学术自传》
30.《田国强学术自传》
31.《王梦奎学术自传》
32.《王一鸣学术自传》
33.《魏杰学术自传》
34.《魏礼群学术自传》
35.《乌家培学术自传》
36.《吴敬琏学术自传》
37.《杨瑞龙学术自传》
38.《张军学术自传》
39.《张军扩学术自传》
40.《张晓山学术自传》
41.《张燕生学术自传》
42.《张宇燕学术自传》
43.《张卓元学术自传》
44.《赵人伟学术自传》
45.《郑新立学术自传》
46.《周叔莲学术自传》

总　序

Preface

盛世出华章。中国的改革开放是一场波澜壮阔、前无古人的伟大社会变革，也将是世界经济发展史上的瑰丽篇章。中国经济学家在这场伟大变革中，或贡献了智力，或参与了实践，无论是参政建言还是学术构建，均厥功甚伟。

在我们先后迎来改革开放40周年和中华人民共和国成立70周年之际，为了记录并彰显中国经济学家的历史贡献，为中国特色社会主义事业进一步发挥智慧的力量和作用，同时借以勉励后学筑梦前行，我们组织并编辑了这套《改革开放进程中的经济学家学术自传》丛书。

这套丛书的出版设想，最初由广东经济出版社提出。在此之前，得力于中国社会科学院经济研究所张卓元教授等的大力支持，该社曾于2009年编辑出版《影响新中国60年经济建设的100位经济学家》丛书。那套丛书产生了良好的社会反响，也获得了较高的学术评价。弹指一挥间，又是一个十年，共和国迎来了70华诞，改革开放也逾40周年。在这样一个特殊的背景下，广东经济出版社邀请张卓元教授和高培勇教授领衔，由《经济研究》编辑部具体负责，组织、编辑一套集中反映改革开放进程中的经济学家学术探索和心路历程的丛书。

认识到这是一件颇具眼光、很有意义的事情，于是，便有了读者眼前这套《改革开放进程中的经济学家学术自传》丛书编辑出版工作的启动。

中国经济改革与发展的伟大实践，为中国经济学家的成长提供了肥沃的土壤。要从这些灿若繁星的经济学家中推选出大家比较公认的富有影响力的经济学家，并不容易。怎样推选？推选多少？具体标准是什么？如何约稿？丛书的体例又该如何把握？这一系列相关问题接二连三地提至我们面前。

为此，在初步拟订编辑出版方案的基础上，由张卓元教授和高培勇教授主持，邀请部分专家召开了小范围的论证会议，就组建丛书编辑委员会以及丛书编辑出版的一系列相关问题听取意见，进一步完善方案。

紧跟着，2017年6月25日，丛书编辑委员会会议在北京举行。出席会议的委员共有19位（按姓氏音序排列）：白重恩、常修泽、陈东琪、陈锡文、迟福林、高培勇、郭克莎、黄群慧、金碚、李晓西、刘伟、彭森、宋晓梧、田国强、魏礼群、吴敬琏、张军扩、张燕生、张卓元。因故请假、提供书面意见的委员有10位（按姓氏音序排列）：蔡昉、曹远征、贾康、李实、李扬、厉以宁、林毅夫、刘世锦、钱颖一、张军。

这次编辑委员会会议就如下一些重要问题形成了高度共识：

第一，关于丛书的意义。委员们高度认可丛书的编辑出版工作，认为这是一项富有重要历史和现实意义的出版工程。

第二，关于丛书入选者的标准和数量。委员们认为应本着宁缺毋滥、质量为先原则，以对改革开放事业的某个特定领域做出实质性贡献或产生实质性影响的经济学家为重点，入选者宜掌握在60位左右。

第三，关于丛书的体例。基于凸显学术价值和史料价值的考虑，委员们认为学术自传宜涵盖作者的学术成长历程、作者对改革开放事业某个特定领域的研究成果和学术贡献、作者对特定领域改革前景的展望等方面内容。

第四，关于丛书的读者对象。委员们认为应主要面向青年学者以及学生，谈人生经验、述理想情怀，激励广大青年学者和学生确立奋斗的目标、发展的方向和成功的路径。

第五，关于丛书的文风。委员们主张学术自传应具有较强的理论性、学术性，同时文笔流畅、深入浅出，具有一定的可读性。

在经过充分讨论形成的候选经济学家名单基础上，与会委员按照获得半数以上多数票入选的规则，以无记名投票方式表决确定了65位入选者。

会议还决定，请因故请假的委员继续对候选经济学家名单通讯投票，并根据此项流程的统计结果，提请全体编辑委员会委员再进行一次通讯评审，最终确定丛书入选者为68位。

由此产生的《改革开放进程中的经济学家学术自传》丛书入选作者为（按姓氏音序排列）：白重恩、蔡昉、曹远征、常修泽、陈东琪、陈清泰、陈锡文、迟福林、樊纲、范恒山、房维中、高培勇、高尚全、郭克莎、郭树清、韩俊、洪银兴、华生、黄达、黄群慧、贾康、江小涓、金碚、李剑阁、李京文、李实、李晓西、李扬、厉以宁、林毅夫、林兆木、刘国光、刘鹤、刘诗白、刘世锦、刘树成、刘伟、隆国强、楼继伟、马建堂、彭森、钱颖一、宋晓梧、田国强、王梦奎、王一鸣、魏杰、魏礼群、乌家培、吴敬琏、吴晓灵、杨启先、杨瑞龙、易纲、余永定、张军、张军扩、张维迎、张晓山、张燕生、张宇燕、张卓元、赵人伟、郑新立、周其仁、周叔莲、周小川、朱玲。

在确定入选者名单之后，《经济研究》编辑部立即展开了组稿工作，共有46位入选者接受约稿。在这一过程中，入选的经济学家或其家属、秘书、好友等，对我们的工作给予了热情的支持，在百忙之中积极准备所需要的文献，其认真精神令人感动。应该说，没有他们的积极响应和大力支持，这套丛书是难以按时按质完成的。

由于入选的经济学家大多是名人、忙人，有一部分老作者也已年届九十高龄，约稿的工作量及其难度可想而知。一些作者提出暂不能写作，这多少令我们感到些许遗憾。其间也有许多感人的情景要告诉读者们：常修泽先生于2018年夏天在吉林延边的一个小镇闭门两三个月专事自传写作，在整个写作过程中数十次与编辑部和出版社沟通，包括内容完善、结构设计和一些合理性建议等诸多细节，并且在约定期限内交稿给编辑部；九十五岁高龄的黄达教授在写作过程中十余次通过电话或电子邮件与编辑部讨论写作重点和风格；乌家培、林兆木、王梦奎等老先生也是不厌其烦，反复就文字沟通润色；周叔莲先生在去世前一周还给编辑部打电话，告诉编辑自己已经基本完成了书稿的写作，并详细介绍了自己的写作过程和感想，我们至今忆此仍为之动容。在这些难得的沟通中，我们一次次被感动。

随着此套丛书的陆续编辑出版，我们越来越强烈地体会到了这项工作的意义和价值：

入选这套丛书的作者，系改革开放进程中的经济学家，他们的知名度较高，社会影响较大。这套自传体丛书，是对他们的代表性研究成果、学术贡献、成长历程及人格魅力的一个集中展示。对于广大读者特别是青年学子来说，这无疑是一个难得的学习、了解我国经济理论和现实问题的机会。

这些经济学家在各自的学术领域都是佼佼者或领军者，他们学术素养深厚、学术成就卓越。他们在自传中大多以第一人称娓娓道来，讲述了自己的家国情怀与学术成长经历，为记录我国改革开放历程留下了第一手资料。从经济史和思想史的角度看，这应该是非常有史料价值的研究文献。

众多大家的纸上风华，既映射出中国改革开放40多年取得的巨大成就，也是对中国改革与发展经验比较系统的总结。正如习近平总书记所指出的："从我国改革发展的实践中挖掘新材料、发现新问题、提出新观点、构建新理论，加强对改革开放和社会主义现代化建设实践经验的系统总结，加强对发展社会主义市场经济、民主政治、先进文化、和谐社会、生态文明以及党的执政能力建设等领域的分析研究，加强对党中央治国理政新理念新思想新战略的研究阐释，提炼出有学理性的新理论，概括出有规律性的新实践。这是构建中国特色哲学社会科学的着力点、着重点。"应该说，本套丛书的作者们用生动而精彩的人生与学术追求，践行了这一重要要求。

这套丛书的编辑出版与《经济研究》编辑部各位同仁的努力也是分不开的。他们通过电话、短信和邮件等方式不断地与作者或其家人、秘书等进行沟通。参加组稿和审稿工作的人员有：郑红亮、刘霞辉、张永山、唐寿宁、王利娜、谢谦、金成武、孙三百、陈小亮、欧宏、王红梅、刘莹、曹帅。

广东经济出版社的领导和编辑在本丛书的出版过程中也做了大量的工作，正是有了他们的努力，这套丛书才能得以顺利与读者见面。

特别值得一提的是，这样一套组织工作浩繁的大型丛书，见证了《经济研究》编辑部与广东经济出版社值得称道的团队合作精神。编辑部的张永山、王红梅同志和广东经济出版社的编辑团队从始至终为丛书的组织沟通、约稿、文稿整理付出了大量的心血，他们的耐心和一丝不苟的敬业精神令人称道。

这套丛书就此付梓了，回望中国改革开放的辉煌岁月，携手丛书作者对祖国的拳拳心路与期待，我们略感欣慰！但由于时间仓促，加之我们的水平有限，书中的不足和错误之处在所难免，敬请广大读者批评指正。

《改革开放进程中的经济学家学术自传》丛书编辑委员会

2019年10月

房维中

男，汉族，1928年2月生，吉林省东丰县人。1947年考入吉林长白师范学院史地系。1948年，长白师范学院并入东北大学，学系改为社会科学系。没有读完，1949年调入政治学院任教育干事，对从平津回来的大学生进行短期培训。1950年，调入中共中央东北局宣传部任干事，主要研究经济问题。1952年，调入新成立的中央人民政府国家计划委员会（简称“国家计委”），1977年任国家计委副主任，一直工作到1993年。这期间，参与了《中华人民共和国国民经济和社会发展第一个五年计划纲要》（简称“一五”计划）和第二个五年计划建议报告的起草，参与第三个到第八个五年计划的制定。1975年，邓小平重新主持中央工作，根据他的指示，牵头起草《中共中央关于加快工业发展若干问题的决定（草案）》（简称《工业二十条》）。1978年3月，中国政府派出第一个大型经济代表团出国访问日本，作为该团成员之一，参与了此次访问活动。随后，又加入了香港、澳门考察组。访问和考察归来后，向中共中央政治

局做了汇报，提出了有关改革开放的建议。1978年11月，参加中国共产党十一届三中全会前夕召开的中央工作会议，聆听了邓小平所作的《解放思想，实事求是，团结一致向前看》的总结报告。在三次中国共产党全国代表大会上，分别被选举为十二届候补中央委员、十三届中央委员、十四届候补中央委员。1993—2003年任两届全国政协常委会委员、经济委员会主任。1993—2015年任中国宏观经济学会会长。对中国第九个五年计划到第十二个五年规划的制定和解决执行中存在的问题向中共中央和国务院提出建议。1986年被评为研究员。曾任中国人民大学、北京大学、清华大学、南开大学兼职教授。著有《房维中自选集》（由中央文献出版社出版）。

房维中学术自传

目录

壹　我的学术经历　/ 1

贰　我的学术理念　/ 21

一　坚持稳步前进，防止急于求成　/ 22

二　转变经济增长方式或发展方式　/ 53

三　改革经济体制　/ 85

四　节能减排，保护环境　/ 129

五　以上四者的内在联系　/ 153

叁　我的治学心得　/ 155

一　全局观念　/ 156

二　实事求是　/ 158

三　锲而不舍　/ 159

附录　访日归来的报告　/ 161

壹

我的学术经历

1952年，我进入国家计委工作。先在办公厅编译处工作，开始接触第一个五年计划。当时，国家领导人周恩来、陈云已从苏联访问回国，留下李富春率领代表团继续同苏联政府有关部门进行广泛接触，征询意见，并商谈苏联援助的第一个五年建设项目。我主要是学习中共中央编译局出版的三本书中有关苏联计划工作的经验，学习我国第一个五年计划的有关资料和编辑计划经济动态。1955年1月，我编写了一本《关于苏联发展国民经济的第一个五年计划》的小册子，由学习杂志社出版。

1955年3月，第一个五年计划编制完成。中国共产党举行全国代表会议，通过《中华人民共和国发展国民经济的第一个五年计划（草案）》。这个时候，我才看到第一个五年计划（草案）的全文。根据上级安排，我作为国家计委办公厅副主任梅行的助手，与中央办公厅研究室负责人邓力群一起，参与起草李富春在全国人大所作的关于第一个五年计划的报告。起草组在中南海中办楼上办公室集中办公，住在中南海，不回家。这个时候，我主要是向他们学习怎么写文件。

1955年9月，根据国家公布的第一个五年计划，我编写了一本《第一个五年计划解说》的小册子，由工人出版社出版。

第一个五年计划刚刚通过，接着就发生了批判右倾保守主义，要工业生产和工业、交通运输的基本建设加快速度。在这种思想指导下，1956年盲目地扩大了建设规模，基本建设投资比上年增加了55%，结果，多招了人，多发了票子，造成物资分配、市场商品供应紧张，财政出现了赤字。1956年夏季以后，周恩来、陈云发现了问题，提出既要反保守，也要反冒进。1956年10月下旬和11月上旬，国务院研究1957年国民经济计划指标，周恩来提出现在主要应该批“左”。陈云也提出，宁愿慢一点，稳当一点，就是说右倾一点，右倾一点比“左”倾一点好。在1957年国民经济计划中，中央定了“保证重点，适当收缩”的方针，这样，“一五”计划的执行没有出现大的冒进。

第一个五年计划公布不久，根据中央指示，国家计委就开始了第二个五年计划的研究和编制工作。1955年8月到1956年6月，提出了多个方案，不断地修改。最后，根据周恩来和陈云的意见，并经毛主席同意，第二个五年计划指标和计划的框架基本定下来了。当时国家计委主任李富春和第一副主任张玺正在苏联商谈第二个五年计划期间苏联的经济援助项目，周恩来要国家计委副主任薛暮桥负责起草第二个五年计划建议文件，由国家计委综合计划局副局长陈先协助。在讨论时，我也参加了，地点就在薛暮桥家里的客厅。接着，周恩来又指定邓力群负责第二个五年计划建议报告的起草，梅行和我参与了起草工作，陈先提供情况说明和数据，在讨论修改时，薛暮桥和张玺也参加了。在建议文件和建议报告的起草过程中，周恩来和陈云提出了许多重要的观点。

1956年9月召开党的第八次全国代表大会，讨论通过了《关于发展国民经济的第二个五年计划的建议的报告》和周恩来所作的报告。

1956年中央通过的第二个五年计划建议，在“大跃进”中进行了多次修改，改得面目全非，最后只得不了了之。

经过三年“大跃进”，从“大办钢铁”发展到无数个“大办”，丢掉了农业。三年间基本建设投资增长了1.7倍，年均增长40%，造成国家财政连续出现赤字，银行现金投放过多，出现了通货膨胀。1962年农业生产总产值低于1956年的水平，粮食总产量甚至不到1952年的水平，不但人民生活条件没有得到改善，而且生活水平还明显降低了。1960年提出调整，但没有真正下决心，到了第二个五年计划结束的1962年才下决心调整，使得调整时间延长到1965年。于是在第二个五年计划结束之后加上了三年调整时间，到1965年，全国经济走上了正轨。

1960年底到1961年初，中央在北京召开工作会议，讨论1961年国民经济计划。据传达，毛主席在会上讲：社会主义建设不能急，要搞它半个世纪，不要务虚名而遭实祸。毛主席批评“一平二调”“共产风”是人祸，要求大家勇于承认错误，有多少错误说多少，有“左”反“左”，有右反右，有什么反什么。就在这次会上，毛主席提出大兴调查研究之风，1961年要成为“实事求是年”。这表明，毛主席对三年“大跃进”的急于求成有所改正。

1961年，我随同梅行加入了由邓力群等人组成的文件起草小组。1961年6月，邓小平要求搞一个类似《农村人民公社工作条例（修正草案）》（简称《人民公社六十条》）的工业企业文件，于是成立了两个调查组，调查国营工业企业。李富春率一个组在北京调查，马洪参加。薄一波率一个组到沈阳调查，邓力群、梅行和我参加。在沈阳调查后，草拟了一个题为《国营工业企业管理条例》的比较简单的稿子。后来根据领导的意见，同马洪一起进行了多次修改，最后定名为《国营工业企业工作条例（草案）》，共70条，简称《工业七十条》。1962年3～4月，在邓力群的带领下，我随同梅行、马洪等同志一起整理周总理关于1962年国民经济计划调整的讲话。1962年6～7月，根据周总理的指示，我随同梅行在邓力群的带领下，起草国务院财贸办向中央提出的《关于粮食问题的报告》；8～9月，在周总理的主持下，由邓力群、梅行、许明和我，起草《中央关于粮食工作的决定》。

在这些工作中，我向邓力群、马洪、梅行等学习了怎样分析形势，材料的收集和整理，文章的逻辑、叙述和说理等方面的知识，受益匪浅。

从1966年开始执行的第三个五年计划，是从1964年开始酝酿的，原来的方针是搞农轻重，解决人民的吃穿用问题。由于国际形势风云变幻，毛主席改变了计划的指导思想，由农轻重改为重轻农，把准备打仗放在第一位，重点搞三线建设。于是计划有了个180度大转变。

1965年，中央成立了“小计委”，由余秋里、林乎加、李人俊、贾庭三等人组成，直接由周恩来领导，着手制定第三个五年计划。我被调入“小计委”，参与内部讨论和文件起草。经过多次酝酿，提出了一个初步设想，向毛主席汇报后做了修改和调整，并征求了各大区的意见。9月中旬，

"小计委"向中共中央和毛主席报送了《关于第三个五年计划安排的汇报提纲（草稿）》。

1965年10月，中央批准了这个汇报提纲。1966年爆发"文化大革命"，林彪提出三线建设要靠山、分散、隐蔽，把大量的工厂建在山沟里，浪费了大量的人力、物力、财力。第三个五年计划始终没有形成完整的正式计划。

1969年国家计委干部除少数留机关抓生产外，都被下放到湖北省襄北五七干校参加劳动锻炼。根据周总理的指示，只留下三十几个人组成计划起草小组，在余秋里的领导下，起草1971—1975年的"四五"计划。我参与了计划的讨论，并根据讨论的意见，起草了《第四个五年国民经济计划纲要（草案）》。在周总理的领导下，进行了多次修改。1970年8月，党中央在庐山召开党的九届二中全会，原来准备把"四五"计划纲要提交会议，但由于会上出现了新问题，"四五"计划纲要只作为参考文件印发给与会同志。

1971年9月"九一三"事件发生后，在周总理的领导和指示下，国家计委从1972年到1974年多次修改"四五"计划指导思想和指标，把备战放在国民经济首位的提法改为把农业放在国民经济首位。

由于"文革"时期的无政府主义，许多企业思想混乱，管理不严，纪律松弛，无章可循。"九一三"事件发生后，周总理抓住时机，着手抓企业管理，要求恢复和健全合理的规章制度，并且提出"现在我们的企业乱得很，要整顿"的建议。这是"文化大革命"以来第一次提出"整顿"的主张。

根据周总理的指示精神，1973年2月，由我执笔为国家计委起草了《关于坚持统一计划，加强经济管理的规定》草稿，提交正在召开的全国计划会议讨论。规定以纠正工业生产管理中普遍存在的无政府主义倾向作为指导思想，明确提出加强统一计划和整顿企业管理的十条规定。其中，特别强调要严格遵守各项规章制度，加强劳动纪律，遵守党纪国法。会议期间，全国除上海市代表外，都赞成这个规定。“四人帮”之一的张春桥坚决反对，以致文件被搁置起来。

第五个五年计划（1976—1980年）的制定，分为两个阶段。“文化大革命”中的1975年，邓小平重新主持中央工作，为把国民经济搞上去，召开务虚会，着手制定十年规划纲要，包括第五个五年计划和第六个五年计划。同时提出制定《中共中央关于加快工业发展若干问题的决定（草案）》，简称《工业二十条》，准备提交全国计划会议。

“文化大革命”前，邓小平主持制定的《工业七十条》，在“文化大革命”中被批判为修正主义路线的产物，停止执行。1975年，邓小平重新主持中央和国务院的工作，先是抓铁路整顿，之后又抓钢铁工业整顿，迅速收到了效果。1975年6月，邓小平说，光一个一个解决问题不行，要通盘研究工业问题。国务院从6月16日到8月11日召开了将近两个月的务虚会：一是拟定了十年规划纲要（草案），我参加了规划纲要的讨论；二是拟定了《工业二十条（草案）》。

《工业二十条》的起草过程是这样的：

由国务院李先念、纪登奎、谷牧负责，在国家计委成立了一个起草小组，由我牵头，王忍之、桂世镛、陈斐章等同志参加。于1975年7月25日写出第一稿，经过讨论修改，8月17日写出第二稿，报送李先念。第二稿共14条，内容是：①工作总纲；②奋斗目标；③主攻方向；④挖潜、革新、改造；⑤基本建设要打歼灭战；⑥采用先进技术；⑦又红又专；⑧整顿企业管理；⑨两个积极性；⑩统一计划；⑪纪律；⑫关心职工生活；⑬工作方法和工作作风；⑭思想方法。8月18日，邓小平亲自主持国务院会议讨论第二稿。邓小平说，文件解决了相当多的问题，需要有这样一个文件，代替《工业七十条》。针对文件内容，邓小平提出要增加以农业为基础、增加工矿产品出口、质量第一、责任制等内容。根据邓小平的意见，8月22日改出了第三稿，增加为20条。8月31日，国务院讨论，纪登奎从外地考察回来，提出了意见，认为文件的政治部分不行，没提起纲来，关键在党。有的党委权被夺了，坏人掌权，他要那些规章制度干什么，对企业要作分析，把纲提起来，非整顿不行，然后下面提的那些任务才会有人去做。根据纪登奎的意见和各地反映的情况，起草小组用了两天时间，于9月2日改出了第四稿，增加了“党的领导”“依靠工人阶级”2条，去掉了几条，共18条。

18条的锋利之处在于：

（1）在“工作总纲”这一部分中，点明了有些人成天闹这一派同那一派的矛盾，新干部和老干部的矛盾，你攻过来，我攻过去，没完没了。少数搞资产阶级派性的头头争权夺利，拉山头，搞分裂，闹得企业不得安宁、地方不得安宁、党不得安宁。阶级敌人趁机浑水摸鱼，大捞一把，有的甚至篡夺了领导权，他们打着“反复辟”的旗号搞复辟，破坏革命，破坏生产，把党的好干部、先进模范人物打下了台，坏人当道，好人受气。这些地方、这些企业，管理混乱，生产长期上不去，有的已经变了质。

（2）在“党的领导”这一部分，提出目前有的企业领导班子存在“软、散、懒”的问题，怕字当头，不敢坚持原则，好的不敢表扬，坏的不敢批评，有的闹不团结，各吹各的号，各唱各的调。有的领导班子是造反派当权，这些人政治上一窍不通，生产上毫无经验，却指手画脚，一味整人，只唱高调，不干实事儿，动不动就给人扣上“复辟”“倒退”“保守势力”一类的帽子。有的领导班子是坏人掌权，贪污盗窃，投机倒把。他们利用职权，胡作非为。这些单位的这些情况长期得不到改变，是因为背后有人支持。整顿企业，首先是整顿党的领导。

（3）在“依靠工人阶级”这一部分中，指出现在有些地方、有些单位不是依靠工人阶级，而是依靠这个山头、那个山头，盲目地跟着造反派跑，分裂了工人阶级队伍，脱离了广大工人群众。

9月2日当天，把第四稿送给了李先念、纪登奎和谷牧。9月3日，纪登奎同起草小组说，这18条太厉害，不要拿出去。10月8日又修改了一次，增加到20条，把锋利的话去掉了一些。以后，又做了两次修改。

《工业二十条》8月22日稿，曾在国家计委召开的20个企业党委书记座谈会上讨论过。《工业二十条》10月8日稿，曾在12个省委书记座谈会上讨论过，受到普遍赞扬。到了11月，已经是“山雨欲来风满楼”，情况发生了变化，李先念、纪登奎决定，《工业二十条》不提交全国计划会议讨论。在全国计划会议结束时，李先念再次声明，《工业二十条》征求意见稿，有些错误，原来的稿子不要再传了。《工业二十条》就这样被尘封了起来。

出乎意料的是，福建省委书记廖志高听说北京有个《工业二十条》，让福建省计委的一位同志到北京要一份来看看。福建省计委的那位同志找到起草小组成员陈斐章，陈斐章糊里糊涂地打开铁柜，拿了一份给他。哪知道，这一份恰恰是批判“四人帮”最尖锐的9月2日的“18条”。到了福建，不知怎么被造反派拿到了，送给了王洪文。王洪文如获至宝，在1975年反击右倾翻案风中，把“18条”印发到全国，作为三株大毒草之一加以批判。这才使大家知道，“18条”批判的主要目标是“四人帮”，不是什么“毒草”，而是“香花”。最初把“18条”拿给福建同志、被“四人帮”抓住把柄的陈斐章，一度被批评给国务院惹了大祸，他自己也屡屡检讨犯了一个大错误。当看到“四人帮”把它公布于众，搬起石头砸了自己脚的时候，他大笑了起来，说他立了一个大功。

1976年10月，打倒了“四人帮”，全国人民和广大干部兴高采烈，急于把被“四人帮”耽误的时间抢回来，把“四人帮”造成的损失补上去。1977年4～5月，华国锋在工业学大庆会议上提出，从现在到2000年还有23年，真正实现现代化还得加油干，石油部门要搞十来个大庆，各个工业部门都要向石油部门看齐，都要提出自己今后23年的设想。我参加了这个会议。

1977年8月，中共第十一次全国代表大会召开，华国锋在政治报告中重申，20世纪末实现现代化，同时提出国民经济新跃进的局面正在形成。我作为中共十一大代表，出席了这次大会。1977年9~11月，政治局先后听取了电力、煤炭、冶金等部门的汇报，煤炭部门提出2000年向20亿吨进军，冶金部门提出20世纪末拿下二十几个鞍钢。华国锋说，看来有希望了，要求国家计委准备，给政治局讲一下，怎么把速度搞上去。在余秋里的领导下，国家计委对今后23年国民经济发展进行了预测，我组织国家计委研究室的同志起草了《关于加快国民经济发展速度的23年设想（汇报提纲）》（简称《23年设想》）。1977年11月，向政治局做了汇报，得到了肯定。根据这个设想，国家计委制定了《1976—1985年发展国民经济十年规划纲要》，提交1978年2~3月召开的五届全国人大一次会议通过。

《23年设想》和《1976—1985年发展国民经济十年规划纲要》当时受到了称赞，但起到的效果是不好的。国家计委是综合部门，对当时的经济情况没有搞清楚。由于"文化大革命"的破坏，国民经济比例关系严重失调，当时的主要任务不是搞23年规划，而是先调整经济，调整好了再搞长远规划。国家计委在2月向中央汇报的提纲中曾经有过调整经济部署的提法，当华国锋不同意提调整经济之后，国家计委没有坚持，也没有深入研究下去。

根据华国锋的指示，1978年3~4月，中国政府派出第一个大型经济代表团访问日本。团长林乎加，顾问段云，我和

1978年4月13日，中国经济代表团访问丰田汽车制造厂。前排右二至右五为高修、段云、丰田汽车制造厂总经理丰田英二、林乎加，左三为房维中

高修为副团长。代表团在日本访问了26天。回国后，向中央政治局做了汇报。汇报概括了日本企业的特点，以及日本能在战后取得飞跃发展的三条经验。这三条经验是：大胆引进先进技术；充分利用外国资金；大力发展教育事业和科学技术，培养科技人才。代表团建议：利用日本和其他资本主义国家当前设备、资金过剩的情况，扩大引进外资和引进先进技术的规模；同时，进口一批装配线，用外国的零部件装配成品，用于国内需要或出口；在一些地区搞来料加工，搞农副产品出口基地；改革外贸体制，改进计划工作。

1978年5～6月，中央派出以谷牧副总理为团长的代表团访问欧洲五国。代表团回来后，向中央政治局汇报，建议扩大向欧洲的国外贷款和引进欧洲的先进技术。中央要求国务院开务虚会，讨论怎样引进国外先进技术设备，以及企业管理包括的工业管理、计划平衡、出口贸易等问题。讨论的结果是，引进规模越来越大。

访问日本和访问欧洲两个代表团归来，传播了国外的先进经验，打开了人们的眼界，给中国经济带来了新鲜空气，对改革开放起了启蒙作用。他们提出的引进先进技术、利用国外资金、加强科技人才培养，以及引进装配线、搞来料加工、搞农副产品出口基地等建议，都起了很好的作用。但是他们提出的8年扩大1000多亿元投资的引进建议，以及给人借用外资很容易的印象，同当时的“大跃进”氛围结合在一起，起了推波助澜的作用。

国务院务虚会召开后，各部突击签订引进合同，基本建设再次追加投资，战线又拉长了。1978年9～10月，安排1979年、1980年两年经济计划，物资、财政平衡不下来，留下很大的缺口。1978年的冒进行为，使经过十年“文化大革命”破坏的国民经济比例关系严重失调的情况加剧了。

1978年11～12月，中央召开具有重大历史意义的工作会议和党的十一届三中全会。我参加了党的十一届三中全会前夕召开的中央工作会议。会议期间，12月10日，陈云针对1977年、1978年两年经济工作存在的问题，在东北组做了《关于当前经济问题的五点意见》的报告。他指出：我们不能到处紧张，先把农民安稳下来。摆稳了这一头，就是摆稳了大多数，7亿多人口稳定了，天下就大定了；工业引进项目要循序渐进，不要一拥而上，各方面都要上，样样有缺口，表面上好看，挤来挤去，胖子挤了瘦子，实际上是挤了农业、轻工业和城市建设。材料有缺口，不论是中央项目还是地方项目，都不能安排。陈云的讲话，开启了调整经济发展思路、调整经济部署的大门。可惜，这个讲话当时没有引起足够的重视，也没有来得及进行认真的讨论。直到1979年初，在陈云的坚持下，他的这些重要意见得到了邓小平的响应，接着为党中央所接受。

1978年12月13日，在中央工作会议结束时，邓小平发表了《解放思想，实事求是，团结一致向前看》的总结讲话，成为随后召开的党的十一届三中全会的主题报告，成为全党的指导思想。邓小平的讲话，吹响了改革开放的号角，对解放思想所发挥的威力是不可估量的。邓小平以他的政治智慧，博得全党的信赖，理所当然地成为党中央的领导核心。

1979年3月，陈云、李先念给中央写了一封信，提出：前进的步子要稳，不要再折腾；从长期看，国民经济能做到按比例发展就是最快的速度；现在国民经济没有综合平衡，比例失调的情况是相当严重的；要有两三年的调整时期才能把各方面的比例失调情况大体上调整过来。这封信具有重大意义，为我们指明了坚持稳步前进、防止急于求成的建设方向。

3月下旬，政治局听取和讨论了国家计委关于修改1979年计划的汇报。4月，中央召开工作会议，确定了用三年时间对国民经济实行以调整为中心的“调整、改革、整顿、提高”的方针。但是由于思想不统一，调整方针贯彻不力，国民经济仍然困难重重。1980年，不得不对国民经济作进一步调整，大幅度减少基本建设投资，并减少军政费用，使财政收支达到平衡。

1980年12月，中央召开工作会议，明确了进一步调整的方针，并总结了过去经济工作的经验教训。陈云在中央工作会议上有一个讲话，指出，“开国以来，经济建设方面的主要错误是‘左’的错误。1957年以前，情况比较好些，1957年以后，‘左’的错误就严重起来。这是主体方面的错误，代价是重大的。错误的主要来源是‘左’的指导思想，在‘左’的错误领导下，也不可能正确地去总结经验”，“不要害怕这个清醒的、健康的调整”。陈云的这个讲话，指出了前31年经济建设的主要教训，切中要害。邓小平完全同意陈云的讲话，认为这个讲话正确地总结了我国31年经济工作的经验教训，是我们今后长期的指导方针。我参加了这次中央工作会议，深受感动和教育。

1982年1月25日，陈云约国家计委主任姚依林、副主任

1982年1月25日，陈云约国家计委领导同志到他的住处座谈。上右起：姚依林、陈云、宋平、房维中。下右起：李人俊、王玉清（陈云秘书）

宋平、柴树藩、李人俊和我到他的住处，座谈关于加强和改进计划工作问题。当我讲到现在说国家计委冒进的少了，说国家计委保守的多了时，陈云说：“计委保守啊，计委放空炮行不行？还是要脚踏实地啊！”他抬起脚踏了踏地板，说：“真正脚踏实地，按部就班地搞下去就快，急于求成反而慢，这是多年来的经验教训。”这次座谈，陈云的深思远虑、平易近人，给我留下了深刻的印象。

1982年9月，中共召开了第十二次全国代表大会，邓小平在大会开幕词中提出，建设有中国特色的社会主义。他指出：我们的现代化建设，必须从中国的实际出发。把马克思主义的普遍真理同我国的具体实际结合起来，走自己的道路，建设有中国特色的社会主义，这就是我们总结长期历史经验得出的基本结论。胡耀邦在大会报告中阐述了1981年到20世纪末，经济总量20年翻两番的战略目标，以及前10年打基础、后10年经济振兴的“两步走”战略部署，提出了把全国经济工作转到以提高经济效益为中心的轨道上来。

党的十二大报告，不再要求到20世纪末全面实现四个现代化，而是采纳了邓小平的意见，要求实现小康，工农业总产值（后改为国内生产总值）翻两番，把全面实现四个现代化推迟到21世纪中叶，推迟了50年。实现小康，是邓小平1979年12月同日本大平首相会谈时提出的，当时他已经察觉到，到20世纪末实现四个现代化已经不可能了。这个思想，为全党和全国人民所接受。

党的十二大报告，不再以片面追求产值、产量的增长速度为中心，而是提出了“把全部经济工作转到以提高经济效益为中心的轨道上来”，这是经济指导思想的重大转变。

我参加了党的十二大，被选为中央候补委员。

1982年11月，第六个五年计划制定完毕，在12月召开的五届全国人大五次会议上讨论通过。陈云在出席上海代表团座谈会时，强调实现20年的翻两番目标要分两步走，如果急于求成，把本来应该放在后10年办的事情，也拿到前10年来办，乱上基本建设项目，经济可能出现混乱。

1984年10月，中央召开党的十二届三中全会，讨论通过《中共中央关于经济体制改革的决定》。该决定指出，传统体制的弊端是政企不分、条块分割，国家对企业统得过多过死，忽视商品生产、价值规律和市场的作用，这就造成了企业缺乏应有的自主权，使社会主义经济失去了活力。对此，中央作出相应的决定。

由于许多地方追求提前翻番的目标，大上基本建设项目，1984年12月，银行信贷、投资数量和消费基金全面失控，经济陷于全面紧张局势。1985年，国务院下大力气控制基本建设规模，但没有控制住，不得不把正在制定的第七个五年计划（1986—1990年）分成两个阶段，前两年基本建设原地踏步，后三年适当增加基本建设投资。计划要求，坚持把改革放在首位，坚持社会总需求与社会总供给基本平衡，同时防止消费基金过分膨胀，坚持提高效益，特别是把提高质量放在突出位置。我参与了中央关于第七个五年计划建议的起草工作。

1987年10月，中共第十三次全国代表大会召开。大会明确我国现在仍处于社会主义初级阶段，必须坚定不移地贯彻执行注重效益、提高质量、协调发展、稳定增长的战略，归根结底是要从以粗放经营为主，逐步转向以集约经营为主的轨道。我参加了党的十三大，被选为中央委员。

1988年在物价大幅上涨的情况下，8月中旬，中央政治局召开扩大会议，讨论通过了《关于价格、工资改革的初步方案》。方案提出，五年内零售价格总水平上升70%左右，职工平均工资增长一倍左右。新华社发布了有关中央政治局讨论物价的公报。公报一发表，全国就掀起了挤提存款、抢购商品的风潮。中央不得不采取治理经济环境、整顿经济秩序的措施，放慢价格改革的步伐。

1989年春夏之交发生政治风波，西方资本主义国家对中国实行经济制裁。

1989年11月，中央召开工作会议和党的十三届五中全会，通过了《中共中央关于进一步治理整顿和深化改革的决定》。该决定指出，党中央、国务院对我国经济生活中出现的困难和问题负有重要责任，要认真总结经验教训。决定指出，脱离国情，超越国力，急于求成，大起大落，是40年来最重要的教训，要认真记住这个教训，任何时候都要牢固树立持续稳定协调发展的指导思想，防止片面追求过高的发展速度，始终把不断提高经济效益放到经济工作的首要位置上来。决定还规定，用三年或更长一段时间基本完成治理整顿任务，努力缓解社会总需求超过社会总供给的矛盾，逐步减少通货膨胀，使国民经济基本转到持续稳定协调发展的轨道上来，为到20世纪末实现国内生产总值翻两番的战略目标打下良好的基础。

根据中央的上述指导思想，国务院制定了第八个五年计划（1991—1995年），经过1991年七届全国人大四次会议审议批准。1992年1～2月，邓小平在武昌、深圳、珠海、上海等地发表谈话。1992年10月，中共第十四次全国代表大会召开，会议完全赞同邓小平视察南方期间发表的重要谈话，确立了抓住有利时机、加快经济发展和建立社会主义市场经济体制的重大决策。接着党中央调整了“八五”计划若干指标。我参加了党的十四大，被选为中央候补委员。

此后，许多地方为了加快发展，掀起了新一轮的大干快上，出现了严重的通货膨胀。1993年，中央不得不对国民经济实行再一次大调整。

我在国家计委工作的41年中，经历了国家从发展、稳定到比例失调的多次反复，增强了对国情的认识，坚定了坚持实事求是、稳步前进以及转变经济增长方式或发展方式的信念。在这41年中，我经历了计划经济阶段和从计划经济到社会主义市场经济过渡阶段，深刻认识到计划经济体制的弊端，树立了建立社会主义市场经济体制的信念。

1977年，我担任国家计委副主任，直到1993年。1984年，中国计划学会成立，薛暮桥担任会长，我担任副会长；1989年，我担任中国计划学会会长；1993年，中国计划学会改名为中国宏观经济学会，我继续担任会长；1995年及以后历次换届，我连续担任中国宏观经济学会会长，一直到2015年。中国计划学会或中国宏观经济学会归国家计委领导，为宏观经济计划工作服务。1993年，我离开国家计委，被选为全国政协常务委员，担任全国政协经济委员会主任，连任两届。在国家计委工作期间，我一直关注经济工作要坚持稳步前进、转变经济增长方式或发展方式和改革经济体制三大问题，传播中央的正确指导思想。在全国政协经济委员会和中国宏观经济学会工作期间，我继续关注这三大问题以及节能减排、保护环境的问题，对“九五”计划到“十二五”规划的制定和执行中出现的问题，向党中央和国务院提出建议和解决办法，维护中央的正确指导思想。我的学术理念，就体现在我在传播和维护党中央关于经济工作的正确指导思想、正确指导方针所作的时事报告、会议发言及撰写的文章和报送给党中央、国务院的有关建议中。

我的研究重点，不在于阐述经济运行过程中所取得的成就，而在于指出经济运行过程中出现的问题以及应当从中汲取的经验教训，以利于更好地推进发展、改革和开放。

为了说明问题，多运用经济数据作为实证。在方式上，坦诚直言，据理力争，慷慨陈词，锲而不舍。

贰

我的学术理念

一 坚持稳步前进，防止急于求成

我在国家计委工作了41年，感到经济工作中最大的问题是急于求成。经济情况不好的时候，总是总结经验教训，强调要稳步前进；形势一好，就“旧病复发”，又要大干快上。我们吃“急”的亏太多了。国家计委过去也犯过急于求成的错误，中共十一届三中全会之后，改正过来了。坚持稳步前进，成为计委经常念的“经”。

1982年9月，中共召开十二大，提出今后20年国内生产总值翻两番的战略目标和前10年慢点、后10年快点的战略步骤。陈云一再提醒，实现翻两番目标必须分两步走，前10年只是打基础，速度不能搞得太快，否则就会“翻乱”。但是，许多地方提出提前翻两番的目标，掀起了一股新的大干快上之风。

1983年6月在六届全国人大一次会议上发表的政府工作报告中，专门讲了“过去我们在经济建设上发生的几次比较大的曲折，除了其他方面的原因，都是由于脱离我国实际，在指导方针上要求过高过急而造成的。牢牢记住历史的经验，时刻保持头脑的清醒，始终不渝地坚持实事求是的原则和稳步前进的方针，是保证当前好形势继续发展而不至于重蹈覆辙的首要条件”。

为了传播中央的这一正确指导思想，我在1983年第12期《红旗》杂志上发表了一篇题为《坚持稳步前进的建设方针》的文章。

文章说：

中华人民共和国成立以来，我国经济建设取得巨大成就，显示了社会主义制度的优越性，这是有目共睹的。由于指导思想的失误，我们在实践中也发生过几次大的曲折，因而没能够取得本来应该取得的更大成就。

第一次大曲折是1958—1960年。由于第一个五年计划的顺利完成，以及三大改造运动的快速推进，在指导思想上产生了一个很大的错觉，以为社会主义现代化不需要原来设想的那么长时间，只要反掉右倾保守思想，大搞群众运动，就可以创造出奇迹。这样，从1958年春天开始，就轻率地发动了“大跃进”运动，提出了苦战三年基本改变面貌，用几年时间在钢铁和其他主要工业产品产量方面赶上工业发达国家的口号，在全国范围掀起了批判“右倾保守”的高潮，规定了一系列高指标要求人们去完成，使得“左”倾错误严重地泛滥开来。“大跃进”固然使生产速度一时上去了，但经济建设的正常秩序遭到了严重破坏，国民经济比例关系出现严重失调，人民生活水平下降，最终造成经济大衰退。1958年批判“稳妥可靠”的口号，认为中国这样大，稳会出大祸。事实证明，不是稳出大祸，而是急于求成闯了大祸。

严峻的事实，使人们的头脑逐渐清醒，认识到这样搞下去不行，1960年冬提出了“调整、巩固、充实、提高”的八字方针，到1965年重新出现了雨过天晴、欣欣向荣的好局面。

更大一次曲折是1966—1976年。1966年发动了“文化大革命”，把刚刚恢复过来、重新走上轨道的国民经济搞得大乱，就经济工作的指导思想来说，仍然是急于求成。当时批判的仍然是所谓右的修正主义路线，提倡的仍然是大搞群众运动，实现新的跃进。经济建设指导思想上的这种失误，特别是林彪、江青反革命集团的蓄意破坏，使国民经济又出现严重的比例失调，人民生活水平下降。

再一次曲折是1978年。1976年粉碎“四人帮”，人民兴高采烈。针对当时的情况，本来应该立即实行调整国民经济的方针，使人民得以休养生息，但是在当时的指导思想上并没有清醒地认识到这一点，既对林彪、“四人帮”长期破坏给国民经济所造成的困难估计不足，又对长期以来经济建设正反两方面的经验教训缺乏认真的总结，在1977年控制了一下建设规模之后，1978年又提出了要加快速度，组织新的跃进的口号，使十年内乱造成的严重比例失调和经济困难又进一步加剧。

这几次曲折给我们一个深刻的教训：经济建设吃大亏就吃在急于求成上，一急就出毛病，就折腾。小急小折腾，大急大折腾；转变得早短折腾，转变得晚长折腾。急于求成不但不能加快速度，最后算总账，反而会延缓经济发展进程。

文章说：

为什么经济建设必须稳步前进而不能急于求成，一急就吃大亏？第一，这是由中国的国情所决定的；第二，这是由经济发展的客观规律所决定的。

中国国土面积大，人民勤劳勇敢，这是实现社会主义现代化的有利条件。但是，我们的底子薄，经济基础薄弱，人民生活还不富裕。这种情况，就决定了我国社会主义建设的长期性，必须经过长期的努力奋斗，才能使中国繁荣富强。因此，我们的经济建设必须量力而行，稳步前进，而不能贸然行事，不能企图在短期内创造出什么奇迹，出现什么“大跃进”。

国民经济是一个复杂的整体，有它固有的发展规律。各个经济部门之间密切联系，相互依存，必须按比例发展，而不能孤立地突出某一个部门而忽视其他部门。各个经济部门的增长速度，不仅要以自己拥有的生产能力为依据，而且要以相互联系的部门供产销的紧密衔接为条件。无论生产和建设，都需要事先经过周密的调查研究，进行细致的准备，逐步地创造条件，而不能想干什么就干什么，想什么时候干就什么时候干；不仅要考虑数量，而且要考虑质量、考虑物质消耗和成本；而在时间上又必须瞻前顾后，不仅要考虑一年，而且要考虑长远一点，以免中途脱节或难以为继。国民经济发展的这种联系性、连续性，以及生产建设条件变化的渐进性，决定了经济建设必须循序渐进，而不能人为地制造什么“一马当先，万马奔腾”。过去多次组织的生产“大跃进”之所以遭到挫折，也就是因为它违反了国民经济按比例发展和循序渐进的客观规律，而不能不受到惩罚。

文章说：

为什么在我国的经济建设中容易产生急于求成，而在急于求成吃了大亏之后，又容易旧病复发呢？主要原因可能是三个：

一个是，我们的经济太落后了，生产、建设和生活方面存在大量问题，迫切要求我们去解决，总想快一点摆脱被动局面，因而往往容易急躁。科学知识不足，把复杂的经济建设看得太简单，也容易冒进。在克服困难之后形势好转的时候，容易头脑发热，夸大主观意志的作用，提出不切实际的目标，作出脱离实际的决策。

另一个是，我们对急于求成所造成的损害以及导致急于求成的一些错误思想，长时期内没有进行透彻的总结和剖析，因此不足以教育人们深刻认识和克服急于求成的毛病。1958年“大跃进”之所以发生，固然有它的社会根源，也是由于当时有很多表面上是革命的、鼓舞人心的然而内容却是十分错误的思想和理论，把人们引入迷途。这些错误思想由于没有澄清，就还有市场，还在起作用。

再一个就是，我们缺乏法制。没有一套健全的经济法，往往少数人心血来潮就干起来，而造成损失则无人负责任。随意定出不切实际的产值指标，仓促决定大项目上马，或者抛开已定的方针和国家计划另来一套，就是缺乏法制，或不遵守法制的表现。

1978年12月党的十一届三中全会，特别是1980年12月的中央工作会议，纠正了过去“左”的错误指导思想，这是我国经济建设工作的伟大转折点。从那时以来，我们的经济建设工作进行得基本上是顺利的。但这不是说经济建设工作就不要防止急于求成了。深入分析过去几次曲折的经验教训，特别是1958年“大跃进”的经验教训，包括它的发生、发展的过程，以及社会的、政治的和思想上的根源，仍然有着十分重要的现实意义。

1983年6月，六届人大一次会议，虽然讲了要牢牢记住历史的经验，始终不渝地坚持稳步前进的原则，但是并没有统一全党的思想。到了1984年下半年，特别是第四季度，工业又出现了过热增长，投资规模增长过快，消费也增长得过快。1985年，中央提出要适当紧缩信贷，控制物价上涨。一年开了四次省长会，但是问题没能够得到解决。到了1986年，银行缩紧了银根。可是银根一抽紧，工业速度就下来了，人们又一片惊慌，说生产滑坡了，这样下去不行，于是又逼着银行增加货币投放，扩大固定资产投资规模，加快工业增长速度。到了1988年，工业增长速度超过15%，物价上涨了18.8%，出现了城乡居民提款抢购的现象。1988年9月，中央召开党的十三届三中全会，确定要搞治理整顿，即对国民经济进行再一次的大调整，才把这场波动制止下来。

1989年江泽民总书记在中央工作会议开始时和在党的十三届五中全会结束时的讲话中，对此做了很重要的阐述。他指出：要保持国民经济持续稳定协调发展，已经提出来多年了，但是并没有真正为全党共同接受和认真贯彻执行。因此，必须进一步明确和强调这个指导思想，从上到下都要牢固树立起来，而且在整个现代化建设过程中都要始终坚持，不能动摇。

1989年11月13日，我在全国地方报刊总编会议上，讲了必须长期坚持持续、稳定、协调发展国民经济的方针，传播了党的十三届五中全会的精神。

经过三年治理整顿，国民经济恢复到正常水平。此后许多地方又产生了急于求成的倾向，在全国掀起了加快工业发展速度、大搞开发区和房地产、大上基本建设项目的高潮，造成了货币发行过多，生产资料价格上涨幅度过大，也推动了消费品价格的上涨，使金融秩序混乱，出现了严重的通货膨胀。

1993年6月8日，我为全国政协经济委员会起草了一份题为《加强宏观调控，抑制通货膨胀》的建议。6月16日，全国政协主席李瑞环批示送政治局常委。6月17日朱镕基批示：印送副总理、国务委员；并请计委、经贸委、体改委、财政部、人民银行负责同志认真研究全国政协的建议。

建议说：

当前我国通货膨胀已经明显暴露，中央决策机关对此应作出明确的判断和采取有力的措施。

通货膨胀，使人民币的信誉极大地下降。这对改革开放和经济的正常增长带来极为不利的影响，消极作用很大，现在问题已经很明显，不能再犹豫观望。

整个经济增长速度是否过快，投资规模是否过大，货币供应量是否过多，这不是局部能够判断清楚的问题，而是必须从全局上、宏观上作出正确的判断。就一个局部、一个地区来说，有大量的事情要办，只要银行给贷款，只要允许发更多的债券、股票，就可以上更多的项目，把经济增长速度搞得更快。省市之间互相攀比，谁都怕吃亏。这种心理和认识，很难说不对。但就全局来说，就要从宏观上作出判断，能不能供应那么多的票子，支持那么大的建设规模，而不能受地方认识和要求的干扰。全局把握不好，出了问题，很难要地方承担责任。中央该作出决断的就要作出决断，拿出宏观调控方案，以此去统一全国的认识，指导全国的行动，大家都要以稳定宏观形势为重。

建议说：

抑制通货膨胀，必须整顿金融秩序，严格财经纪律。

今年以来，全社会固定资产投资增长很快，出现膨胀的趋势。但是计划内项目、国家重点建设项目的资金远远没有到位。

有两件事情，支持了计划外一般项目和房地产投资的大膨胀，导致了货币供应量的失控。第一，银行之间相互拆借，或者一些单位通过财政担保向银行拆借，绕过银行贷款规模搞投资。第二，银行通过自己所设立的信托部、信托投资公司、房地产公司和其他经济实体，以高利率把大量的资金投入房地产、股票和一般加工工业。

上述这些做法，其危害是严重的。一是银行控制贷款总规模这个有效手段被冲掉了，大量资金转为体外循环，使固定资产投资更加失去控制。二是大量资金流向一般项目，重点项目所需资金保证不了，投资结构不合理的状况进一步加剧。三是在社会集资、股票等高利率、高回报率的诱惑下，相当一部分居民不愿意把钱存到银行，造成银行储蓄存款增长速度下降，减少了银行的资金来源。四是许多地方的银行备付金率下降，支付发生困难。五是拆借出去的钱不能按期收回，银行只能靠增发票子来应付正常的贷款需要。

如果不是上述这些情况，就很难解释为什么票子发了那么多，而资金还那么紧张，许多银行支付还那么困难。

建议国务院和中国人民银行采取坚决果断的措施，进一步整顿金融秩序，严格财经纪律。这样做，可以有效地抑制通货膨胀，可以对房地产热、开发区热、股票热起到釜底抽薪的作用，有利于保证银行的正常支付，保证经济效益好、产品有市场的大中型企业流动资金的需要和重点建设项目贷款的需要。财税管理要加强，财政秩序的整顿也要认真地进行。

只有控制住金融，控制住通货膨胀，才能保证改革和建设有序地进行。

建议说：

解决经济中存在的问题，根本出路在于深化体制改革。

有两大问题必须解决：

1. 搞社会主义市场经济，就要让市场在资源配置中发挥基础性作用，逐步使企业成为竞争性行业投资的主体。现在很多项目的上马都是政府行为，既没有约束机制，也没有风险机制。

2. 在市场经济的条件下，政府必须建立起有效的宏观调控体系，现在这个体系还远远没有建立起来。

建议中共中央、国务院在研究社会主义市场经济体系的总体框架中，重点研究解决好这两个问题，在金融、财政、投资体制上动点大手术。

中央基本上同意全国政协经济委员会的这一建议。1993年6月24日，《中共中央、国务院关于当前经济情况和加强宏观调控的意见》，规定了力度非常大的16条措施。实际上是采取“软着陆”的办法，对国民经济进行再一次大调整。

1993年7月7日，朱镕基在全国金融工作会议上的总结讲话中指出：强化宏观调控，防止经济过热，是当前迫在眉睫的任务；整顿金融秩序，是强化宏观调控的重要方向。由于中央采取这样果断的措施，经过五年时间，经济增长速度达到正常水平，金融和财政秩序趋于正常。

2001年12月9日，我在中日经济知识交流会第21届年会上，介绍中国的“十五”计划，讲了中国经济走势，其中讲到怎样保持经济的稳定增长。讲话中说：

我们当然希望经济能快速增长，但是，首先应当是稳定增长。这要考虑国内形势，也要考虑国际形势。

第十个五年计划规定，GDP的年均增长率是7%。不少人认为定低了，实际上7%不能说低。

为了保持经济的稳定增长，政府已经制定了一系列的政策，包括：

1. 采取积极的财政政策，增发长期国债，进行基础设施的建设。

2. 进行经济结构的调整，包括地区结构的调整。

3. 把扩大就业和增加农民收入作为计划的重点，并采取了一系列的措施。

4. 继续调整和完善所有制结构。

5. 扩大对外开放。

这些都是正确的，应当坚持不懈地实行。

当前要防止的是急于求成。有些人总想找到一个灵丹妙药，能够立竿见影。他们把问题看得简单了。经济结构的调整、城市就业的扩大、农民收入的增加，这都要有时间，要水到渠成。急了，病急乱投医，会把经济搞乱，想要快，反而慢。政府要积极为企业创造好的宏观环境，但绝不能拔苗助长。

2005年5月21日，中国宏观经济学会为纪念陈云100周年诞辰，举行陈云经济思想研讨会，我在会上有一个发言：《领会陈云经济思想，坚持稳步前进，防止急于求成》。我在这个发言中，提到了“几十年的中国经济发展史，在一定意义上可以说是一部稳步前进与急于求成两种思想相生相克的历史”。

2005年5月21日，中国宏观经济学会举行纪念陈云100周年诞辰座谈会。右起：项怀诚、王春正、房维中、于若木（陈云夫人）、黄达、苏星

下面是这个发言的摘要：

陈云同志几十年领导和指导我国的社会主义经济建设，不但以他卓越的才能，解决了当前许多难以解决的问题，而

且从辩证唯物主义的观点出发，为我国的经济发展提出了许多重要的原则和理念，形成了陈云独特的经济思想。陈云同志一贯主张，坚持实事求是的原则，一切从实际出发，循序而稳步地前进，注重综合平衡，努力保持国民经济比例关系的协调，反对急于求成。其中，坚持稳步前进，反对急于求成，可以说是陈云经济思想的核心。

几十年的中国经济发展史，在一定意义上可以说是一部稳步前进与急于求成两种思想相生相克的历史。

1957年1月18日，陈云在省、自治区、直辖市党委书记会议上讲话，指出1956年的缺点错误，提出解决财经方面问题的三个办法，重点阐述了建设规模要和国力相适应的思想。他说："像我们这样一个有6亿人口的大国，经济稳定极为重要。建设规模超过国家财力物力的可能，就是冒进了，经济就会出现混乱；两者合适，经济就稳定。当然如果保守了，妨碍了建设应有的速度也不好。但是，纠正保守比纠正冒进要容易些。"陈云具体指出了防止经济建设规模超过国力的危险应当注意的各点，特别指出了要搞好几大平衡，要注意农业对经济建设的规模有很大的约束力。陈云的讲话，贯彻了稳步前进、综合平衡、按比例协调发展、反对急躁冒进的思想，可以说总结了"一五"的经验教训，为以后的发展明确了正确的指导方针。但这些，不但没有被接受，而且受到了批判。1957年底和1958年，从批判"反冒进"开始发动的"大跃进"，急于求成，完全无视和背离陈云的正确主张，什么都要大办，要求三年改变面貌，要求几年超英赶美，使建设规模大大超过国力的可能，造成国民经济比例关系严重失调。1962年不得不再次把陈云请出来，主持中央的财经工作，对国民经济进行大的调整。

十年“文化大革命”，国民经济又受到严重破坏。粉碎“四人帮”之后，又急于求成，要求加快步伐，在20世纪末实现现代化，以致1978年计划又搞大了。1979年3月，陈云提出前进的步子要稳，不要再折腾；要有两三年的调整时期，把各方面比例失调的情况调整过来。由于陈云的坚持，邓小平的支持，1979年中央决定对国民经济实行“调整、改革、整顿、提高”的方针，1980年12月又确定对国民经济实行进一步的调整。

国民经济形势很快出现了好转。这时接着又发生了二十年翻两番要不要划分两个阶段和前十年慢些、后十年快些的争论。由于没有坚持划分两个阶段，急于求成，前十年乱上基本建设项目，盲目追求翻番，速度搞得太快，以致国民经济比例关系又出现严重的不平衡。到1989年，不得不再次对国民经济进行治理整顿。

到1991年，治理整顿取得明显效果，国民经济增长恢复到正常水平。这时，又产生了急于求成的倾向，在全国掀起了加快工业发展速度、大搞开发区、大上基本建设项目的高潮，以致国民经济再度出现严重比例失调的现象，不得不从1993年夏季开始，对国民经济进行宏观调控。

上述事实说明，问题都出在急于求成上，违背了稳步前进的发展思想。完全如陈云所说，在中国这样一个国家搞建设，真正脚踏实地，按部就班地搞下去就快，急于求成反而慢，“欲速则不达”。

是什么东西妨碍稳步前进的方针始终不渝地贯彻执行，是什么东西导致人们急于求成？除了关心人民疾苦，急于改变中国面貌这一基本思想因素之外，也还有以下一些因素：

从上到下，追求政府的政绩，导致急于求成。我们的政府既有政治的职能，也有经济的职能。而在现有体制下，各级行政都强调以经济建设为中心，每届政府都以经济上的成就作为衡量政绩的主要标准。为了追求政绩，新的一届政府总是要提出新的口号、新的目标，要求抓住机遇，加快发展。这几乎成了一条规律。

政绩的考核标准，主要是考核国内生产总值的增长速度，考核大项目建设多少，而不重视质量和效益，不重视比例关系的协调，缺乏问责制度，也导致急于求成难以克服。

为了追求利益最大化，各地区总是要求多上基本建设项目，要求银行多贷款，要求中央财政多支持，而对于中央宏观调控常常采取消极态度，强调自己特殊，强调你长我不长，强调减你不要减我。地方的计划权和中央的宏观调控权相互关系没有理顺，加大了宏观调控的困难，这也是急于求成难以克服的一个重要原因。

重温历史，我们要牢牢记住陈云经济思想，坚持稳步前进的发展方针，并且从体制上采取措施，防止急于求成，重蹈覆辙。

这篇发言稿比1983年给《红旗》杂志写的文章有进步，分析原因讲到了体制和机制问题。

2005年6月，中国宏观经济学会专门讨论了当前经济形势，提出了关于制定“十一五”规划纲要的建议，报送给党中央、国务院领导同志。

2005年6月23日，中国宏观经济学会讨论对“十一五”规划纲要的建议。右起：林兆木、曹玉书、佘建明、王梦奎、刘国光、房维中、项怀诚、魏礼群、吴树青

中国宏观经济学会的建议如下：

1. “十五”期间，经济增长速度很快，但严格地说，基本上依然是粗放型的增长，这可以用以下两个指标来说明：

（1）能源消费总量过快增长，能源弹性系数（能源消费增长率/GDP增长率）上升，20世纪80年代为0.44，90年代为0.24，2001—2004年为1.09，2004年为1.59。这说明，从总体上来看，“十五”期间经济的增长，是靠大量增加物质消耗换来的。

（2）固定资产投资过快增长，投资弹性（投资实际增长率/GDP增长）上升："八五"期间（1991—1995年）为1.8，"九五"期间（1996—2000年）为1.07，2001—2004年为2.24。这一方面说明GDP增长过多地依靠投资，另一方面说明投资效率下降。

2. GDP的对外依存度（进出口总额/GDP总值），1995年是40%，2000年是43.9%，2003年是60%，2004年猛增到接近70%。

3. 这几年中，投资、消费都有增长，但投资增加得快，消费增加得慢。2004年的投资率接近于历史上经济最热的1993年，这显然是不正常的。

上面这些问题，给我们提示什么？

第一，"十一五"规划不能再按"十五"计划的路子走下去，再这样粗放下去不得了。由于几年的极度扩张，许多地方生产能力已经过剩，对已有的建设部署都应当重新考虑，不能按照原样子搞下去。与其被动调，不如主动调。一方面强化中央的宏观调控，另一方面要让市场法则发挥作用，适者生存，劣者淘汰。省市的计划必须服从全国的计划，坚持全国一盘棋。一切要求，都应当从当前的现实情况出发，有利于转变增长方式，不再是片面追求速度。

第二，在供不应求的情况下，要把生产摆在消费的前面，而在供大于求的情况下，就应当把消费放在生产的前面。"十一五"规划要把提高城乡居民消费水平作为一个重点问题加以研究。围绕这一点，考虑财政的收支和投资的分配。缩小收入分配差距，是一个经济问题，也是一个政治问题，应当集中更多人的智慧，解决这个难题。

第三，解决生产过剩问题，会带来一系列的变化，带来诸多风险。对此，要有所准备。

为了补充中国宏观经济学会于2005年6月23日给中央、国务院的建议中对“十五”计划执行情况的分析，我在2005年8月12日又给国务院领导同志写了一份《认真剖析“十五”计划的执行情况》的详细报告。报告引用的数据较多，文字较长，但确实能说明问题。

报告说：

“十五”期间，工业增长速度之快是惊人的。主要基础工业产品中，生铁、钢、钢材、电解铝产量增长都在1倍以上，发电量增长85%以上，5年间增长数量之大是空前的。值得分析的是，这些基础工业产品为什么能增长这么快，有多少是正常的，有多少是无序的和过度开发的；它带来一些什么问题，是什么原因造成这种情况，从中应当吸取什么经验教训？都说“十五”是粗放型的增长，应当通过分析，看一看这种粗放增长是怎么发生的。

先从煤炭的增长分析起。2000年全国产煤13.8亿吨，2004年增加到20亿吨以上，4年增长50%左右。2004年，全国原煤产量中，原国有重点矿生产9.19亿吨，占总量的46.9%，比2000年增加3.8亿吨，占增加量的40%；地方国有矿2.95亿吨，占总量的15.1%，比2000年增加1亿吨，占增加量的10%；乡镇矿生产7.42亿吨，占总量的37.9%，比2000年增加4.7亿吨，占增加量的50%。重点国有矿是煤炭生产的主力，发展是健康的。部分国有矿产企业有超能力超强度开采现象，2003年大约有1.5亿吨，占国有矿产量的13%。20世纪90年代后期整顿小煤窑，乡镇矿从8.2万个减少到2.1万个，产量从6.15亿吨减少到2.7亿吨。这几年煤炭紧张，挖煤赚钱，地方又有收入，不少产煤省区违反国家限制和改造小煤矿的规定，层层卖采矿权，为小煤矿划拨资源，乡镇矿又陷于盲目的大发展之中，4年间产量增加了1.7倍。严重的问题在于，很多煤矿为了追求产量，不惜“采厚弃薄”“吃肥丢瘦”。鄂尔多斯市的一些煤矿煤层厚度十几米，采高只有几米，回采率只有百分之十几。全国煤矿平均资源回收率只有30%～35%，乡镇煤矿资源回收率低的只有10%，采一顿丢一顿，甚至丢几顿，浪费严重，无人监管。据统计，在全国煤矿中，有安全生产能力的只有12亿吨。大量的乡镇煤矿缺乏安全生产条件，2004年全国矿难死亡6027人。今年7月11日，新疆阜康神龙煤矿发生瓦斯爆炸，死亡83人。这个矿就是一个无专用通风井、无安全生产许可证、无改扩建资格证书的“三无煤矿”。这些情况说明，2004年的煤炭生产中，有很大一部分属于无序的、过度的、掠夺式的开发。在2004年的20亿吨煤炭中，火电用掉8亿吨，冶金用掉4亿吨，建材用掉3亿吨，化工用掉1亿吨，说明电力、钢铁、有色金属、建材、化工等行业的增长，一部分是靠煤炭的这种无序的、过度的和掠夺式的开发来支撑的。也可以说，这些行业的无序和过度开发对煤炭需求的急剧增加，导致了煤炭行业的无序和过度开发。

再看钢铁生产的增长。生铁：2000年全国生产1.3亿吨，2004年生产2.68亿吨，4年增长了1倍。在2004年的2.68

亿吨中，有26%是靠盲目发展的容积在300立方米以下的高耗能的小高炉生产的。这些小高炉中，大部分属于应当淘汰的落后设备。钢：2000年全国钢的生产能力为1.5亿吨，钢产量为1.28亿吨，2004年钢的生产能力增加到4.22亿吨，增长1.8倍，钢的产量增加到2.82亿吨，增长1.2倍。在全国4.22亿吨钢的生产能力中，先进水平的生产能力为1.38亿吨，占33%；一般水平的生产能力为2.3亿吨，占55%；30吨以下的小转炉和小电炉生产能力为5500万吨，占13%。小转炉、小电炉的耗能高于大转炉、大电炉，都是属于应当淘汰的设备。钢材：2004年底全国热轧一次材轧机能力为3.7亿吨，其中落后水平的生产能力为7900万吨，占21.4%；全国冷加工钢材轧机能力为8000万吨，其中落后水平的生产能力为2072万吨，占25.9%。这说明钢材产量中，有一部分是靠盲目发展的、落后的、属于应当淘汰的设备生产的。2004年全国钢材实际消费量为2.7亿吨，其中建筑消费1.75亿吨，机械消费3362万吨，轻工消费2480万吨，汽车、造船、石油、集装箱消费2700万吨，共2.6亿吨。说明这些行业的增长有一部分钢材是靠无序和过度开发支撑的。也可以说，是这些行业对钢材需求的急剧增加，导致了钢铁工业的无序和过度开发。

“十五”期间，很多地区都上了不少钢铁厂。各地新上的这些钢铁厂，大多数没有按基建程序办事，急于求成，在没有落实生产条件特别是煤和电的条件下，未经国家核准就仓促上马，以致上了马以后到处抢煤、抢电、抢运力，造成煤、油、电、运全面紧张。国家发改委公布的检查结果显示，2003年全国在建钢铁厂项目629个，炼钢能力为1.52亿吨，95%的项目存在违规审批问题。

电力：2000年全国发电量为1.36万亿千瓦·时，2004年达到2.19万亿千瓦·时，4年间增长61.3%。“十五”期间，电站建设同样处于无序扩张状态，许多项目不按基建程序办事，缺乏对生产条件和环境的综合平衡，有的根本不考虑煤炭的供应条件就上马。根据国家发改委今年2月的检查报告，未经国家核准，已经违规开工建设的电站项目已有1.09亿千瓦，其中831万千瓦已经投产，2665万千瓦进入主体工程建设阶段，7430万千瓦处于基建施工阶段，已发生投资900亿元，全部建成需要4500亿元，每年需增加规模以外的电煤3亿吨。

这就是这几年重化工项目上得这么快，煤、油、电、运这么紧张，环境污染这么严重的重要原因，也是这几年工业增加值以致GDP增长得这么快，财政收入增长得这么多，民间资本积累得这么多的一个重要原因，更是这几年工业增长方式不是进步而是倒退的根本原因。

应当看到，尽管“十五”期间在工业增长的数量方面远远超过了计划的预期，但在产业结构的战略性调整、经济增长的质量和效益方面却远远没有实现计划的预期。

“十五”计划要求，围绕增加品种、改善质量、节能降耗、防治污染和提高劳动生产率，鼓励采用高新技术和先进适用技术改造传统产业，带动产业结构优化升级。这个要求并没有完全实现。

“十五”计划要求，资源节约和保护环境取得明显成效；2005年单位产值能耗比2000年下降15%～17%，“两控区”二氧化硫排放量比2000年减少20%，主要污染物排放总量比2000年减少10%。2004年这三项指标完成的情况都不好，甚至有些指标还是上升的。

“十五”计划要求，2005年第一、第二、第三产业增加值分别占GDP的13%、51%、36%。据统计，2004年三者的比重只达到9.2%、61.8%、29%。第三产业的比重停留在2000年的水平。

“十五”计划要求，居民消费率提高到50%左右，固定资产投资率调整在35%左右。据统计：2004年居民消费率从2000年的48%降到41.9%，不升反降；固定资产投资率从2000年的36.4%上升到43.9%，不降反升。

可以说，“十五”期间一些地区（不是所有地区）过度地抓重化工的发展，走上了一条无序和过度开发的恶性循环的道路。

必须指出，“十五”期间一些地区的这种做法，同国务院制定并经全国人大通过的“十五”计划纲要的要求是不相符合的。

我们已经经过了九个五年计划，科学技术已经发展到今天的地步，“十五”期间一些地区如此盲目扩张，并且重新造成煤、油、电、运全面紧张，是无法解释的。人们会问，建钢厂为什么不先落实电，电没有保证为什么要上那么多的钢厂？建电站为什么不先落实煤和运，煤、运没有保证为什么要建那么多的电站？建煤矿和其他矿为什么不审查资质，不限定各种矿产的合理开采标准、环保标准和安全生产条件，不符合资质、不按合理的开采标准和环境标准以及不具备安全生产条件的，为什么要让他们开工，让他们任意掠夺和浪费资源？这完全不能用没有经验解释。已经搞了九个五年计划，竟在第十个五年计划期间不讲按基建程序办事，矿产资源管理已经强调了多少年，竟在第十个五年计划期间放了羊。这一方面表现了许多地区又“旧病复发”，片面追求数量，犯了急于求成的毛病；另一方面说明了管理体制上出现了严重失控。

自2003年下半年以来，国务院发现了工业发展中出现的一些问题之后，相继对一些重大行业包括钢铁、电力、煤炭的产业政策作出了规定，这是完全必要的。国家发改委强调宏观调控、强调新上项目必须按基建程序办事，适时地向党中央、国务院提出建议，这是完全必要的。现在需要对全局进行综合考察，在“十一五”规划中作出进一步的宏观决策，使党中央、国务院的这些规定切实付诸实施。党中央、国务院的权威在于正确立法和严格执法。否则，党中央、国务院的权威就树立不起来。

这一报告得到国务院领导同志的重视，8月14日批示：“十五”计划执行的经验教训，请发改委认真总结，同时研究解决问题的办法。国务院于2006年3月12日发出《国务院关于加快推进产能过剩行业结构调整的通知》。通知中指出：当前，部分行业盲目投资，低水平扩张导致生产能力过剩，已经成为经济运行的一个突出问题，如果不抓紧解决，将会进一步加剧产能结构不合理的矛盾。通知提出推进产能过剩行业结构调整的八项重点措施。

国务院的这一通知，所提出的各项重点措施都是切中要害的。但是，要切实防止固定资产投资反弹，严格控制新上项目，谈何容易，这与地方的投资冲动相矛盾。第十一个五年规划开始的第一年，就出现了新一轮的固定资产投资增长过快、货币信贷投放过多、外贸顺差过大的问题。

2006年7月5日，我写给国务院领导同志一份书面报告——《对当前经济形势和宏观调控的几点看法》，表达作为一个老的经济工作者对当前经济形势的忧虑。

报告指出：

当前经济已经过热。历史的经验告诉我们，经济过热的主要标志是建设规模过大，固定资产投资增长过快，导致国民经济发展出现严重不平衡，难以持续。

2006年上半年，固定资产投资继续出现了过快增长的势头，其增长速度超过了2005年。如果不采取严厉的宏观调控措施，2006年全年固定资产投资总规模将达到11万亿元，其增加额将超过2003—2005年的任何一年。

在现阶段，固定资产投资规模过大，增长速度过快，有什么危害？

最大的危害是造成生产能力的大量重复建设，加剧一些行业的产能过剩。如果“十一五”规划的第一年控制不住新开工项目，控制不住建设规模，整个“十一五”规划的部署将被打乱，调整经济结构、提高经济增长的质量和效益、转变增长方式等预期都将落空。

随之而来的是金融风险加大，大量的贷款会因到期收不回来形成呆账和坏账。

由于投资规模过大，造成钢材、水泥等需求量增加，钢材价格由下降转为上升，一些需要淘汰和限制生产的钢铁企业又把设备开动起来，造成生产的更大盲目性。今年1～5月，钢的产量增幅达到18.6%，完全与国家的宏观调控方向相悖。

由于重化工业的盲目扩张，资源和环境承载压力也随之增大，节约能源和减少污染的目标将难以实现。今年一季度能源消费总量增长了15.97%，其中煤炭消费总量增长了15.57%，就是一个警示。

新一轮固定资产投资增长过快，基本上不是来源于经济因素，而是来源于多数地方政府为了在“十一五”期间继续追求过高的增长速度掀起的新一轮大干快上热潮。

我们必须分清引起固定资产投资过快增长的两种不同的因素。对于市场行为，应当采取以经济手段为主的调控措施；对于地方政府的行为，固然也需要用经济的手段，但单靠经济手段难以遏制地方政府的投资冲动。中央政府要压减项目、减缓投资增长速度，地方政府要扩大项目、加快投资的增长速度，这是个尖锐的矛盾。这个矛盾不解决，不给地方政府大干快上降温，不采取行政手段和法律手段管住某些地方政府乱上项目乱投资的行为，使固定资产投资增长速度慢下来，那就比登天还难。

控制固定资产投资规模，重要的是控制住新开工项目。国务院提出严把土地闸门和信贷闸门，是完全必要的，还应当加上严把环评闸门和项目审核闸门。根据国家发改委投资司对8个省区今年1～4月3779个投资亿元以上的新开工项目自查材料汇总，有1670个项目没有土地批准文件，占44.2%；有1660个项目没有环评文件，占43.9%；有832个项目没有审核文件，占22%；其中用地、环评和项目审核文件都没有的有696个项目，占18.4%。足见新开工项目的混乱和地方政府以及基层管理部门的有法不依。这是对投资亿元以上新开工项目的统计，亿元以下的新开工项目的问题不会比这少。

国务院应当严令：凡是没有土地批准文件的，没有环境影响评价文件的，没有履行审批和核准手续的项目，一律不得开工建设，已经开工的一律停下来，同时限令地方主管单位进行清理检查，并追究责任。不如此，就不能纠正一些地方政府官员对中央政令有令不行、有禁不止的错误行为，“十一五”规划所确定的各项重大方针就完全变成一纸空文。

应当要求地方政府把过高的增长目标降下来，使之符合全国规划的要求，把GDP的增长、投资的增长同政绩考核脱钩。

应当尽快制定行政体制改革文件，坚决纠正地方政府的越位和错位行为。对于计划体制，国家计划和地方计划的关系与制定计划的程序，也应该作出明确规定，防止明年重蹈覆辙。

现在必须解放一个思想，那就是不要怕把经济增长速度降下来一些。今年的经济增长速度如果真正能够由10%降到8%，不使已经存在的问题加剧，那正符合国家对于2006年的期望，绝不能把这看作是大起大落。今年保持8%的增长速度，是经全国人民代表大会批准的，是符合全国人民的利益的。现在怕的不是降过头，而是降不下来。近期每年保持15%左右的固定资产投资增长速度，投资弹性系数达到2，就不要怕GDP每年增长速度达不到8%。2003—2005年已经连续三年GDP增长10%，已经超过能源和环境负荷能力的情况下，现在不宜再提倡加快速度，而是应当提倡适当放慢速度，把速度降到8%的正常水平。继续提倡加快速度，就等于继续提倡加快上项目，继续加快投资的增长速度。只有把GDP增长速度降到8%，我们才有可能把过高的固定资产投资增长速度降下来，才有可能实现“十一五”期间单位产值能源消耗降低20%、主要污染物排放量减少10%的约束性指标，才能把建设节约型社会和环境友好型社会的目标落到实处。党中央强调“发展必须是科学发展”。一味地强调加快发展，不问这种发展符合不符合全面协调可持续的要求，那就不是科学发展，那就违背了科学发展观。

国务院领导同志于当年7月5日对书面报告批示：请发改委在分析上半年经济形势时参考。

由于美国金融危机的影响，外贸出口缩小；国内经济增长过快，产能过剩，高速增长难以为继。2008年上半年经济增速由10%以上降低为10%以下。为刺激经济增长，2008年11月，国务院确定紧急增加中央投资，所涉及的建设工程，2009年、2010年大体需要4万亿元投资，各省市区纷纷提出增加投资，对此我十分担心。由于这样地扩大投资，刺激经济增长，会使过剩的产能更加过剩。我于2009年1月15日写了一篇题为《扩

大固定资产投资应当慎之又慎》的文章，报送给国务院领导同志。

其主要内容是：

针对国内经济增长速度下滑，从中央到地方都在采取刺激经济的措施。其中最重要的措施是，扩大固定资产投资。

2008年11月，国务院确定紧急增加中央投资1000亿元，并且尽快落实到项目上。这1000亿元所涉及的建设工程，2009年、2010年两年大体需要4万亿元投资。接着各省区市纷纷提出了自己的增加投资计划，据有些机构统计，总额已经达到18万亿元。

这就是说，无论中央还是地方，在固定资产投资上都在做加法。中央在做加法，地方在做更大的加法。

据国家发改委发布的信息，2007年全社会固定资产投资13.7万亿元，2008年要超过17万亿元，2009年是22万亿元。这表明，2009年新增加的投资额远远大于2008年由于项目建成投产而减少的投资额，使已经扩大了的固定资产投资规模进一步扩大。这就值得斟酌，需要慎重考虑。

经验证明，全社会固定资产投资每年的增速保持在10%～15%之间比较正常，连续几年超过20%就会出问题。2003年以来，我国全社会固定资产投资的增速连续6年在20%以上，造成能源消耗过大，环境污染加剧，居民消费率下降，进出口依存度过高，低端产品的产能过剩。尽管党中央、国务院连续几年敲起投资规模过大的警钟，并且提出尽快转变依靠投资和出口拉动经济增长的模式，但投资仍然连年大幅度上升。如果2008年固定资产投资超过17万亿元，2009年达到22万亿元，则2008年、2009年的投资增长速度仍然在20%以上。一些新项目开工了，2010年将更加欲罢不能。这就难以改变依靠投资拉动经济增长的模式，国民经济中存在的深层次问题不但不能缓解，而且有可能进一步加剧。

应当看到，我们面临的问题是产能过剩，特别是重化工行业低端产品的产能过剩。扩大投资规模，可以消化过剩的产能，但也存在使过剩的产能更加过剩的危险。

2003年以来，各地为了追求高速度，违反国家的产业政策，建起了大量技术落后的高耗能、高污染的重化工企业。虽然国家明令对这些企业要加以限制和淘汰，规定了新的准入标准，但由于国内外的需求旺盛而难以实现。现在国内外需求减少了，大量的技术和工艺落后的高耗能、高污染企业因为缺乏竞争力而停产或倒闭，这是好事，不是坏事。地方政府千万不能因为保增长，把这些落后的高耗能、高污染的企业也保了下来，更不能把已经淘汰了的落后产能重新扶持起来。建设新厂必须和淘汰落后的产能结合起来考虑，有利于加快淘汰落后的产能。淘汰落后的高耗能、高污染企业，不可避免地要有一批工人失业。对于这些失业工人，政府应当帮助企业进行救助。在这方面花一些钱是值得的。

应当看到，现在提倡的扩大内需，不是扩大投资需求，而是扩大国内的消费需求。因为国内的投资需求已经很大了，不足的是消费需求。要扩大消费需求，就必须提高居民收入在国民收入分配中的比重，更多地增加居民收入。如果不调整国民收入分配，继续扩大投资总量，势必使消费率继续下降。

投资可以促进增长，这是事情的一面。投资过大将会抑制居民消费率的提高，从而不利于经济增长，这是事情的另外一面。我们不能只想到它好的一面，而忽视它另外的一面。

投资率过高，居民消费率过低，根源在于国民收入分配不合理。如何改变这种不合理状况，提高居民收入在国民收入分配中的比重，要作为一个大问题，进行深入研究，并采取重大的步骤，使消费率和投资率达到合理水平。

国务院领导同志于1月17日批示：请发改委参考、研究。对地方固定资产投资项目、规模应该通过调查有个真实的了解和准确的判断。

2009年7月21日，我报给党中央、国务院的《总结经验教训，加快转变增长方式，完善社会主义市场经济体制》的文章中，提出以下一个观点：

中国将进入一个中速发展时期，不可能再回到2003—2007年的高速发展时期。这是因为，国际经济形势巨变，发达国家即使结束衰退，也不可能回到2008年以前依靠过度消费维持的繁荣状态。我国国内产能过剩，消化过剩的产能只能主要依靠国内的消费需求。在产能过剩的情况下，企业利润下降，进而投资的欲望也将会减弱。我国的能源和资源的消费总量增长太快，无法维持。环境生态恶化必须遏制，否则2020年很难实现人们渴望的呼吸到新鲜空气、喝上清洁的水的全面小康生活，而且我们必须承担控制温室气体排放的共同而有区别的责任。这就是说，未来有“三个不复存在”，或者“三个已经结束”。一是大进大出的时代已经结束。二是企业高盈利和投资高增长的时代已经结束。三是高耗能、高污染、无序和过度开发的时代已经结束。归根结底，建立在上述前提下的爆发式的高增长时代已经结束。当然，中国工业化与城市化的进程还没有结束，增长仍然有潜力，但是奢望恢复过去的高增长已不现实。什么时候不追求高速度了，什么时候经济增长方式才能转变。

由于2008—2010年中央和各地采取扩大投资的办法，刺激经济增长，到2010年“十一五”规划结束时，2006—2010年五年GDP年均增长11.2%，超过国家增长预期49.3%，比“十五”时期的9.5%高出1.7个百分点；五年固定资产投资年均增长25.5%，比“十五”时期年均增长20.2%高出5.3个百分点。我国GDP总量跃居世界第二位，这是一个重大的成果。但是，如中央所指出的，必须清醒地看到，我国发展中不平衡、不协调、不可持续问题依然突出，主要是，经济增长的资源环境约束强化，收入分配差距较大，科技创新能力不强，产业结构不合理，制约科学发展的体制机制障碍依然较多。据此，中央提出：“十二五”规划必须以科学发展为主题，以加快转变发展方式为主线，坚持把经济结构战略性调整、科技进步和科技创新、保障和改善民生、建设资源节约型和环境友好型社会作为加快转变发展方式的主攻方向、重要支撑、根本出发点和落脚点以及重要的着力点。

根据2011年制定的“十二五”规划，国家预期GDP年均增长7%，但各地区提出的GDP年均预期增长10.5%，高出国家预期50%，依然是在追求经济高速增长。

2012年党的十八大以来，以习近平同志为核心的党中央，首先提出稳中求进的总基调。随后，又多次阐述稳中求进工作总基调是治国理政的重要原则，也是做好经济工作的方法论。稳是基调，稳是大局，在稳的前提下要在关键领域有所进取。这使人耳目一新，把稳步前进提到一个新高度。

2014年6月9日，习近平总书记在中国科学院第17次院士大会、中国工程院第12次院士大会上讲话，提出加快从以要素驱动、投资规模驱动发展为主向以创新驱动发展为主转变。

2014年12月9日，习近平总书记在中央经济工作会议上讲话，指出经济工作要适应经济发展新常态。他说：“去年，中央作出一个判断，即我国经济发展正处于增长速度换档期、结构调整阵痛期、前期刺激政策消化期‘三期叠加’阶段。今年年中，在中央政治局会议上，我对‘三期叠加’进一步做了分析，强调经济工作要适应经济发展新常态。”他说：“我国经济发展进入新常态后，增长速度正从10%左右的高速增长转向7%左右的中高速增长，经济发展方式正从规模速度型粗放增长转向质量效率型集约增长，经济结构正从增量扩能为主转向调整存量、做优增量并举的深度调整，经济发展动力正从传统增长点转向新的增长点。我国经济发展进入新常态，是我国经济发展阶段性特征的必然反映，是不以人的意志为转移的。认识新常态，适应新常态，引领新常态，是当前和今后一个时期我国经济发展的大逻辑。”他说：“如果看不到甚至不愿承认新变化、新情况、新问题，仍然想着过去的粗放型高速发展，习惯于铺摊子，上项目，就跟不上形势了。用老的办法，即使暂时把速度抬上去了也不会持久，相反会使发展中的矛盾和问题进一步积累、激化，最后是总爆发。”（注：见《十八大以来重要文件选编（中）》，中央文献出版社，2016）

2015年10月29日，中共十八届五中全会通过了《中共中央关于制定国民经济和社会发展第十三个五年规划的建议》。习近平总书记在会上做了“以新的发展理念引领发展，夺取全面建成小康社会决战阶段的伟大胜利”为主旨的讲话。讲话全面阐述了创新、协调、绿色、开放、共享五大发展理念，集中反映了我党对经济社会发展规律认识的深化，是有效解决我国发展中突出矛盾和问题的良方。创新、协调、绿色、开放、共享五大发展理念，是关系我国发展全局的一场深刻变革，使我国经济发展进入一个新的境界。

二 转变经济增长方式或发展方式

多年的经验证明，急于求成必然是粗放经营，重视速度而不重视质量效益，不转变增长方式或发展方式，就不可能实现经济的可持续发展。

1980年3～9月，国务院讨论长期规划。3月底到4月中旬，国务院召开长期规划座谈会，听取各方面的意见。4月上旬，姚依林提出各项工作都要进行经济效益的比较，从中选出花钱少、收效大的最优方案。邓小平赞成姚依林的这条意见，指出这是一条十分重要的方针，过去不顾经济效益的毛病，一定要改过来。

1981年11月召开的第五届全国人民代表大会第四次会议，突出地强调了提高经济效益问题，提出：我们考虑一切经济问题，必须把根本出发点放在提高经济效益上，使我国经济更好地持续发展。并且指出千方百计地提高生产、建设、流通等各个领域的经济效益，这是一个核心问题。

为了传播这一正确的指导思想，1982年1月15日我在《经济管理》杂志上发表了一篇题为《竭尽全力提高经济效益》的文章。

文章首先总结了历史的经验教训：

长期以来，我们是把发展速度的高低作为经济工作好坏的主要考核标准，把发展速度作为经济建设的核心问题。提出了“多快好省”，但中心是强调一个“快”字。由于过分地强调速度，强调快，而不强调经济效益，因此在一个相当长的时期内，尽管经济的发展速度不算慢，但是国家的经济实力和人民生活水平却没有得到应有的提高，实际得到的利益较小。

形成这种状况有着多方面的原因。但是，就经济工作本身来说，指导思想和指导方针的失误则是主要的。由于片面地追求高速度、急于求成、急躁冒进，加上经济体制的不合理，因此就产生和形成了长期不算成本、不计盈亏、不讲效益的严重倾向，而且根深蒂固。这里可以举出以下一些突出的表现：

1. 不是根据客观可能，进行综合分析和综合平衡以后确定经济的发展速度，而往往是先定个高速度、高指标，要求各方面去完成。而速度的主要标志又是产量和产值。生产单位为了追求产量和产值，常常不顾产品的质量、品种和产品是否适销对路，不计付出的代价高低。

2. 在工业发展中过分地强调重工业生产的发展，把过多的投资、原材料和燃料动力以及运力用在重工业方面。因此，既影响了消费品生产的增长，又影响了居民消费的增加，使人民得不到应得的实惠。

3. 在工业建设中，强调基本建设是扩大再生产的源泉，强调遍地开花，强调各省市区自成体系。因而造成了基本建设规模庞大，过多地重复建设、重复生产，而原有的企业却得不到必要的设备更新和技术改造，造成建设资金的大量浪费。

4. 在农业发展中，片面地强调粮食生产，忽视经济作物和多种经营的发展。许多地方甚至破坏了自然生态的平衡，以致不能地尽其利、人尽其才。

5. 企业管理制度不健全，许多企业用人没有定员，原材料和燃料动力消耗没有定额，质量没有严格的考核标准，生产者不了解市场的需要，不少企业甚至没有原始记录、基层统计和必要的计量设施。总之，整个生产经营活动没有严格的经济核算。

6. 基本建设工程常常事先不进行充分的技术经济论证，仓促上马，不得不边设计、边施工、边修改，造成工期拖长、造价增高，甚至中途下马，或者建成后不能正常投产。

7. 成品和半成品库存没有定额，宽打宽用；周转环节太多，层层设库，大量资金积压在流通领域。

8. 资金的使用许多方面是无偿占用，实报实销；投资由国家拨款，不计回收年限；流动资金占用无息或者利息甚低。总之，“利息”的观念很淡薄，甚至根本不想这件事，大家都在吃“大锅饭”。

9. 企业中劳动力的使用，由劳动部门统一分配，而不是择优录用；入厂后缺乏严格的考核标准和劳动纪律，好坏不分；工资奖励中存在严重的平均主义，大家都捧着“铁饭碗”吃饭。

10. 长期忽视人才的培养，忽视科学技术研究的发展和研究成果的推广应用，而科学技术研究同生产的结合也不够密切。

对于这些问题，几年来，特别是党的十一届三中全会以来，逐步有所认识，并且开始做了一些改革，取得一些成效。积累了30多年的经验，我们必须在指导思想和指导方针上做一些重大的转变。其中一个重要的转变，就是从把速度作为经济建设的核心问题，转变为把经济效益作为经济建设的核心问题。这不是不讲速度，不重视速度，而是要彻底纠正那种片面追求速度，而忽视经济效益的倾向，真正做到在保证经济效益的前提下，实现尽可能达到的增长速度。这样，才能保证经济的发展是真正的而不是虚假的增长，保证这种增长是国家、企业和人民能得到切实的应得的实惠。我们要通过指导方针的转变，走出一条速度比较实在、经济效益比较好、人民可以得到更多实惠的新路子。因此，这种转变是带有根本性的、具有深远意义的战略转变。

文章接着指出了现实的需要：

我们国家的经济，在经历“文化大革命”十年破坏之后，面临着极为严重的困难。党的十一届三中全会以后，党中央、国务院提出调整、改革、整顿、提高的方针，特别是1980年12月中央工作会议提出进一步调整的方针以后，经济情况逐步好转。但是，长期形成的经济困难，不可能在短时期内完全克服。当前，国民经济中还存在以下一些问题：

第一，财政收入增加缓慢，增加财政支出的因素很多，保持财政收支基本平衡仍然是一个艰巨的任务。

第二，由于财力的限制，基本建设投资不可能有较多的增加。有些当前急需的工程投资不足，一些为长期发展所必须的工程不可能做较多的安排。

第三，由于一次能源产量近期内不可能有较多的增长，能源紧张的情况还不能缓和，这将在很大程度上影响整个工业生产的增长速度。

第四，消费品供应的增长还赶不上社会购买力的增长，保持市场物价基本稳定还要做艰苦的努力。

这些问题说明，我们虽然已经取得很大的成绩，国民经济中潜在的危险已经有所缓和，但还没有完全消除。

为了克服这些困难，党中央、国务院已经制定了一系列的正确方针，采取了一系列的有效措施。把这些方针、措施归结到一点，就是要竭尽全力提高经济效益。

财政困难，资金不足，一个重要根源是经济效益太差。目前国有企业的固定资金利用率远远低于历史曾经达到过的较好水平；流动资金占用率远远高于历史曾经达到过的较好水平。而历史上曾经达到过的较好水平，同经济发达国家比较，那还相差很远。就全国来说，按照现在的规模，固定资金利用率每提高1%，就可以增加利润40多亿元；流动资金占用率每减少1%，就可以节省出30多亿元。这说明，国民经济活动中增收节支的潜力是很大的。基本建设投资各方面都感到不足，但投资的使用效果却相当的差，建设周期长，造价高，而建成后又不能充分发挥作用，这里的浪费是惊人的。按照现在的建设规模计算，工期拖长一年，施工队伍的工资就要多开支50多亿元；因为耽误了工程的投产时间，又少给国家创造利税近50亿元。因此，在一切领域中精打细算，克服浪费，提高资金使用的经济效益，财政收入就可以有较多的增加，财政困难就可以大为缓解。

在消费品的生产和供应方面，也有个经济效益的问题。不少生产企业和销售单位，对市场需要的情况和发展趋势缺乏调查研究，经常出现产销脱节，导致有些商品供不应求，有些商品又大量积压。商品流通中的中间环节太多，不仅影响资金的周转，而且加大销售成本，这也是很不经济合理的。努力改进这些方面的工作，提高经济效益，可以大大缓和市场供需的矛盾，有助于市场物价的稳定。

这就是说，竭尽全力提高经济效益，是克服当前经济困难的一个核心问题。要使我国经济活动由被动转为主动，争取国家财政经济情况的根本好转，归根到底，取决于我们在提高经济效益方面所作的努力和得到成效的大小。

1982年9月，党的第十二次全国代表大会把“全部经济工作转到以提高经济效益为中心的轨道上来”写入大会的报告。1982年12月24日，我在共青团第十一次全国代表大会上所作的说明中，传播了中央的这一正确的指导思想，指出：

我们过去的经济建设，是以片面追求产值产量的增长速度为中心的。为了追求过高速度，不顾质量的好坏，不顾付出代价的高低。其结果是，一个时期速度上去了，但是由于不讲经济效益，人民得到的实惠甚少。而且由于追求过高的速度，造成比例关系严重失调，其结果是“欲速则不达”，不得不降低速度，被迫进行调整。过去30多年中，吃高指标的亏是吃得最多的。搞高指标的结果是，不但不能鼓舞和保护人民群众的劳动热情，反而会严重地挫伤人民群众的积极性。去年五届全国人大四次会议和今年党的十二大总结的一条重要经验，就是把全部经济工作转到以提高经济效益为中心的轨道上来。党中央多次指出，坚决不再搞高指标，经济的增长速度必须是经济效益高的，没有水分的和留有后劲的，必须是稳步增长的。事实证明，片面追求产值产量的增长速度是容易的，而实现经济效益高的增长速度是不容易的；实现一时的高速度是容易的，实现经济的长期稳定增长是不容易的。把经济工作转到以提高经济效益为中心的轨道，这是经济指导思想的一个重大转变，是经济工作的一大进步。

1985年10月12日，我在中国人民大学所作的《中共中央关于制定国民经济和社会发展第七个五年计划的建议》的辅导报告中，讲到为了巩固好当前的大好形势，并为以后发展提供条件，提出了“七五”期间经济和社会发展必须遵循的基本指导原则：第一，坚持把改革放在首位；第二，坚持社会总需求与社会总供给基本平衡；第三，把提高效益，特别是提高质量效益放到突出位置。

1991年5月18日，我在中日经济知识交流会第11届年会上发言，介绍了中国的第八个五年计划，其中讲到“大力提高经济素质和效益”。发言说：

经济效益差，投入多，产出少，是我国经济发生较大波动的深层原因，而经济效益差，又与经济整体素质不高密切相关。同时，只有大力提高国民经济整体素质和经济效益，才能有实实在在的和有后劲的速度，也才能不断地提高国民经济的现代化水平。因此，十年规划和“八五”计划的一个重要指导思想，是把进一步提高经济效益作为全部经济工作的中心，明确要求把国民经济的整体素质提高到新水平。今后十年和“八五”期间年均经济增长率之所以安排为6%，一个重要出发点，就是要把各个方面的主要注意力引导到提高经济素质和经济效益上来。与此同时，在规划和计划中突出了以下三个方面：一是加速企业技术改造，努力提高现有企业的生产技术和装备现代化水平。“八五”期间，技术改造投资平均年增长9.8%，大大高于基本建设投资年均增长速度，并对技术改造投资使用方向和重点规定了明确的要求。二是加强和改进经济管理，既要努力提高宏观经济决策和组织管理水平，又要强化企业生产经营管理，整顿和健全各项基础工作。三是继续把发展科学技术和教育事业放在重要的战略地位，促使经济增长真正转到依靠科技进步和提高劳动者素质的轨道上来。

1995年6月7日，我为全国政协经济委员会起草了一份给中共中央、国务院的关于制定“九五”计划（1996—2000年）的建议。内容是：“九五”计划必须实行增长方式转变和经济体制转变。下面是建议的主要内容：

一、1991—1995年，我们的经济发展实现了一个跳跃，上了一个新台阶。

“八五”期间，年均经济增长率将达到11%以上，国内生产总值将提前5年实现翻两番的目标。5年内建成了一批重大的现代化工程项目。对外贸易有了成倍的增长，外汇储备大幅度增加。科学技术领域取得了不少新的成果。中国已经成为国际投资的热点，在国际上的地位日益提高。这些成绩是举世瞩目的。

二、在经济的高速增长中出现了一些问题，需要高度重视并亟待解决。

1. 建设规模过大，摊子铺得过多过散，导致严重的通货膨胀和投资的严重浪费。

1991—1994年，国有单位固定资产投资从1990年的2918亿元增加到1.13多万亿元，4年间增长2.89倍；如果按照1995年计划投资1.16万亿元计算，则5年间投资增长3倍。

为了维持这样大的投资规模，银行不得不多发票子。1991—1994年平均每年增发1160亿元，使货币流通量从1990年的2644亿元增加到1994年的7289亿元，4年间增长1.76倍。如果按照1995年计划货币流通量8789亿元计算，则5年间增长2.3倍。这成为物价大幅度上涨的重要原因。投资规模与物价上涨互相推动，但首先是投资规模过大推动物价上涨。

与之相反，固定资产交付使用率则呈逐年下降趋势，1990年为82.5%，1994年下降为58.4%。许多新建成的企业，由于缺乏铺底流动资金而不能正常生产。大量的投资拖欠工程款，成为严重的三角债的重要成因。这说明，尽管投资有了令人吃惊的大幅度上升，但远远满足不了已经铺开的建设摊子的需要。大量资金在那里沉淀了，投资效益之差可想而知。

“八五”期间的国有固定资产投资，除已完成的之外，预计结转到“九五”期间的剩余工作量有2.5万亿元，加上超概算因素，可能要超过3.5万亿元。

截止到1995年初的统计，已批准立项和批准可行性研究报告，要求在“九五”期间开工的基本建设大中型项目550个，投资总规模超过1万亿元。

1993年下半年实行的宏观调控有成效，但没有从根本上解决固定资产投资大干快上的倾向。1994年在连续两年国有固定资产投资增长45%的基础上，又增长了48%。1995年1～4月，全国新开工的国有单位投资项目8325个，其投资规模比上年同期增长53.5%。现在各部门、各地区都在考虑“九五”计划，投资的期望值超过10万亿元。

这样搞下去，永远无法缓解经济的全面紧张状态，永远无法摆脱严重通货膨胀的困境。

由于固定资产投资过于分散，地区间竞相攀比，大量地搞低水平的重复建设，不少产品超过市场需求，有些项目建成了即陷入停产，或者投产后即亏损，使大量投资浪费了。由于投资分散，在全国形不成拳头，形不成现代化的规模经济，也造成投资效益下降。这样的搞法，使我们难以进入现代化的工业强国行列。

据统计，国有经济占用的固定资产投资和银行流动资金贷款占全国的70%，而新增加的国内生产总值只占全国的20%。增加1元的国内生产总值的产出，要付出2元，甚至更多的投入。这说明我们经济的增长速度是靠过高的投入支撑的。投入的太多，而产出的太少。

2. 重视新建，忽视原有企业更新改造，致使大量原有企业技术落后，设备陈旧，产品质量低，物质消耗高，经济效益低下，生产处于困境。

在“八五”期间国有固定资产投资总额中，更新改造投资所占比重，1990年为28%，1994年为25%，呈下降趋势。而在这些更新改造投资中，有相当一部分又是搞了名为改造实为新建的工程。这同我们已经宣布的方针背道而驰。

“八五”期间，我国许多工业产品数量增长很快，但质量上进步不大，有的甚至下滑。1994年我国产钢9153万吨，堪称钢铁大国，但优质钢比、合金钢比、板管比并没有比1985年有多大变化。在质量上同世界发达国家的水平相比，差得很远。在全部钢材产量中，达到世界主要产钢国同类产品实物质量的只占14%，不少关键性的钢材品种还依赖于进口。1993年进口机电产品495亿美元，相当于国内市场的32%，其中金属切削、锻压机床占国内市场的56%。我国生产的动力煤，灰分为28%，入洗率只有6%，入洗后的灰分还有18%～20%，而工业发达国家动力煤一般全部入洗，入洗后的灰分为10%～15%。

物质消耗太高，资源远没有得到充分利用。目前，我国能源利用率仅为30%，世界发达国家一般为40%～50%。火电、水泥、合成氨和钢等主要耗能产品的单位能耗比国外先进水平高出30%～80%。

由于片面追求新建，致使大批老企业欠账。首先是技术改造欠账，其次是铺底流动资金欠账，再就是社会保障基金欠账，包袱沉重，难以保持青春活力。许多新建企业，也由于缺乏资本金和铺底流动资金，投产后处于困难重重的境地。大量企业经营亏损，发不出工资的企业越来越多。原有企业处于这种状态，怎么能有力量去支持那么多的新建项目呢？

3. 工业和其他产业投资增长过快，农业投资总量虽然有所增加，但比重逐年下降。农业基建投资在全国国有基建投资中的比重，1991年占4%，1994年下降为2.5%。农业投入不足，是农业基础薄弱的原因之一。1994年物价大幅度上涨，在很大程度上是由于粮食减产，棉花、油料、食糖供应不足。重工轻农，造成农业增长缓慢，农村购买力水平下降，反过来又使大量工业品滞销，企业开工不足，使工业经济持续发展失去有力支撑。

4. 科技教育投入不足。研究与开发投入占国内生产总值的比重，1991—1994年由0.7%下降为0.5%。

5. 国家财政收入增长缓慢，国家财政支出则增长很快，以致国家财政负债累累，捉襟见肘。

6. 由于通货膨胀严重，相当数量的城乡居民收入增长不多，有的甚至下降，居民间的收入差距扩大了。1991—1995年，居民消费价格上涨了83.4%，这是居民难以承受的。

上述这些问题说明，我们走的依然是粗放经营的路子，以外延扩大再生产为主，盲目铺新摊子，从而导致了通货膨胀、农业滞后、国有企业不活和社会的不安定。而这又同我们没有摆脱传统的体制有关。投资扩张的主要推动者依然是各级政府，企业没有真正成为投资主体和积累主体，投资的约束机制和风险机制没有真正建立起来。在大量的企业中，现代化的企业制度没有建立起来，管理严重落后，企业的经营管理者和劳动者的素质差。许多要素市场还不发育，市场调节的力量弱；宏观调控的政策又不够有力，在许多方面失去了控制。粗放经营和政企不分的老路不能再走。

三、对“九五”计划指导思想的几点建议。

一切从实际出发，按客观经济规律办事，这是制定长期规划的基本原则。

当前各方面的经济关系绷得很紧，应当努力创造一个比较宽松、协调有序的环境。这是广大干部和人民群众的要求。“九五”计划应当适应这个要求。

具体建议是：

1. “九五”计划的主要任务，应当是有效地解决当前经济生活中存在的问题，而不是使问题拖延下去，越拖越严重，应以健康的经济状态跨入21世纪。

具体目标是：

——实现经济的健康、稳定和持续的增长，即低通货膨胀状态下的增长、可持续的增长；

——居民生活基本上达到小康水平，特别是使低收入居民生活得到保障；

——重视社会的发展和社会的安定；

——政企分开，使企业真正成为自主经营、自负盈亏、自我发展、自我约束的经济实体；

——积极参与国际分工，分享国际分工的果实。

2. 认认真真地转变经济增长方式，把提高质量、效益和整体素质作为首要追求目标，积极推进科技进步和产业结构升级，靠内涵效益来提高增长速度，靠内涵效益的积累来扩大再生产。转变经济增长方式，党的十二大、十三大和十四大都明确提了出来，现在到了认真实行的时候了。而越往后看，实行这一转变越显得至关重要。“九五”期间不应当再去追求增加多少钢的名义数量，再增加多少煤炭的名义数量，而是要在提高质量上下功夫，在增加品种上下功夫，在节约资源上下功夫。只生产大路货，关键的东西自己不能生产，长期靠进口，是实现不了现代化的。要加快科技发展，积极把科技成果转化为生产力。

3. 规定适度的经济增长率，能够提供有效供给的增长率，主要靠提高劳动效率、降低物质消耗和发挥现有固定资产存量的作用，而不是靠过多投入的增长率。如果“九五”期间能够达到讲质量、讲效益的7%～8%的增长速度，20世纪90年代平均增长速度就有可能仍在9%以上，超过党的十四大所要求的90年代平均每年增长8%～9%的速度。

4. 通货膨胀率低于上述经济增长率。

5. 固定资产投资率不超过30%。“六五”期间是25%，支持了年均10.2%的经济增长率；“七五”期间是29%，支持了年均7.8%的经济增长率。在整个投资中，根据“以农业为基础”和“科教兴国”的原则，提高农业、科技教育投资的比重，降低工业和其他产业投资的比重。在工业投资中，重点用于现有企业的更新改造、技术提高，特别是老工业基地的改造。能不搞新建就不搞新建。只有严格控制新的，才能有力量去改造老的。“九五”计划的最大危险，是再铺一大批新摊子，造成老的搞不活，新的也搞不下去，自己把自己拖入陷阱。

6. 根据规模效益的原则调整资产存量，对现有企业进行改组、改造、改革并与加强管理相结合。不是所有企业都要改造，有的要兼并，有的要破产。

7. 所有建设项目都必须明确投资主体。新建的生产性项目和在建的生产性项目，都要配备和补充必要的资本金、铺底流动资金，并按合理工期使资金到位。这要作为一条铁的原则。否则，不能建设。贷款要按期偿还，不能偿还的要追究责任。

8. 居民收入水平有所提高，但不宜也不可能提得太高，重点解决分配不公和扶贫的问题。使工人和公务员的工资能按月发出，这是起码的要求。

9. 地区经济的发展，一定要从实际出发，发挥本地区的优势，并在地区间实行优势互补。积极支持少数民族地区经济的发展。

10. 逐年提高财政收入占国民生产总值的比重，提高中央财政收入占全部财政收入的比重。严格控制财政支出，减少财政赤字。

11. 打破经济的条块分割局面，建立国内统一市场。

12. 积极推进经济体制改革，加快步伐，实行政企分开。在此基础上，划清中央与地方的事权，该分散的分散，该集中的就要集中。中央要有权威。

13. 重视社会发展，提高全民族的科学文化素质，培养跨世纪人才。

14. 继续更好地实行对外开放政策。审慎地处理引进外资的范围和引进外资的“度”。

15. 按市场经济规律和新的增长方式，转变计划思想和改进计划方法。

16. 对一些重大方针，如增长方式，要展开讨论，统一思想。不能说归说，做归做。

17. 好好总结一下我们自己的经验，也认真借鉴一下国外的好经验。

全国政协办公厅把这一建议报送给中共中央办公厅。中共中央办公厅于1995年6月23日做了以下的函复：收到后即及时分送了中央领导同志和起草组，领导同志和起草组对建议非常重视，认为这些建议很重要，已认真研究采纳。

1995年9月28日，中国共产党十四届中央委员会第五次全体会议通过了党中央关于制定国民经济和社会发展“九五”计划和2010年远景目标的建议。建议提出：“积极推进经济增长方式转变，把提高经济效益作为经济工作的中心。实现增长方式从粗放型向集约型转变，要靠经济体制改革，形成有利于节约资源、降低消耗、增加效益的企业经营机制，有利于自主创新的技术进步机制，有利于市场公平、竞争和资源优化配置的经济运行机制。向结构优化要效益，向规模经济要效益，向科技进步要效益，向科学管理要效益。”这就是大家称之为“两个转变”的重大方针。

1995年10月5日，朱镕基在全国政协八届常委会第十四次会议上作中共中央关于“九五”计划建议的报告，称赞全国政协经济委员会于6月7日所提出的建议，把问题讲得很准，提的17条建议基本上全部反映到中央的建议中去了。

全国政协经济委员会于1995年12月19日至21日在海口市召开了全国地方政协经济委员会第三次工作会议。会议的主题是：贯彻中共十四届五中全会精神，更好地为实行“两个转变”献计献策。出席会议的地方同志汇报了当地的“九五”计划设想，会议结束时，我做了总结发言。主要内容如下：

1995年12月19日，全国地方政协经济委员会第三次工作会议于海口召开。前排左一至左六：刘鸿儒、马仪、汪啸风（海南省省长）、房维中、阮崇武（海南省委书记）、赵维臣，左八范康，左九谢华

一、对各方面贯彻五中全会关于“两个转变”决策的动态分析。

各方面传达学习和贯彻五中全会精神，总的说是认真的。从各地提出和准备提出的“九五”奋斗目标来看，可以分为三种情况：

1. 思路清楚。总结了本地区过去的经验教训，重新审查了五中全会之前所制定的本地区的“九五”计划和2010年设想，确定了新的发展方针，调整了原定的目标，符合五中全会的精神。

2. 思路有转变。对五中全会召开前制定的“九五”计划，速度略有调低，项目略有减少。

3. 还是老思路。五中全会召开后与五中全会召开前提出的“九五”计划目标没有什么改变，主要还是搞外延，追求上速度、上项目。已经实现了“翻两番”的地区提出要“翻三番”，甚至是“人均翻三番”，建成“经济大省”和“经济强省”，把一些省会市建成特大城市甚至国际城市；强调“跳跃式发展”“赶超战略”；强调“加大投资力度”“加快开发建设步伐”“把资产增量扩张放到重要地位”，建成多少个大工程、大工业带、大工业区、大工业走廊。一个地区五年要求安排的投资总规模高达几千亿元甚至上万亿元。许多县、市更热，依然是大干快上的架势。

三种情况各占多大比例，还说不清楚。因为是动态，可能会起变化。但从当前来看，第一种情况为数并不多。

二、对于当前经济形势，提醒大家应当注意到以下一些情况。

当前通货膨胀仍然在高位运行（价格指数仍在17%以

上），要使物价上涨率大大降低下来，不能不采取适度从紧的财政政策和货币政策。对放松银根寄予过高的期望，将是不现实的。

由于企业状况不能很快改变，财政的困难将难以缓解，对增加财政支出不能寄予过高的期望。“地方采取赤字性的财政政策”，将是危险的。

投资仍将保持一定的规模，但投资增长速度要大大低于“八五”时期。对增加投资期望值过高将会落空。“加大投资力度”等提法，都要斟酌和慎重。

人民群众对政府的信任，不是听再翻几番的豪言壮语，更多地要看对当前经济生活、社会生活以及党风政风中存在的重大问题的解决程度。

确定发展目标，一定要实事求是。依靠“两个转变”促进经济的增长，这是历史发展的必然。形势在发展，我们的认识必须跟上形势。

三、关于转变增长方式，首要的是转变思想观念，特别是领导层的思想观念，这要做大量细致的、深入的思想教育工作。

转变思想的第一个难点是，多年来习惯于粗放经营，片面追求数量和上新项目，习惯于以政代企，而且决策者不承担责任和风险，考核干部也主要看搞多少大项目、速度上去没上去。这已经成为一种传统观念和习惯势力。把这种思想观念和习惯势力转变过来，把思想打通，从粗放转向集约，并非易事。不能设想，中央决策一经作出，大家的思想就跟上来了。转变观念，要触动思想，用大量成功和失败的事实，剖析自己，教育干部。要把自己摆进去，要联系实际，总结经验教训。不这样做，那就像有的同志说的："讲转变，中央讲了省里讲，省里讲了县里讲，最后不知谁来转。"大家都在期待国家"九五"计划能起一个好的引导作用。

转变思想的第二个难点是，有一些思想疙瘩没解开，都面临一些两难的选择。例如，明明知道财政困难，资金不足，但不多上些新项目，多上些新工业，又怕财政上不来，最后只好硬着头皮上。再如：经济比较发达的地区，要求更大发展，吸引更多的企业到本地区来建大项目；经济不发达的地区强调自己基础差，"八五"时期投资比发达地区基数低，"九五"时期应当压缩发达地区的投资，增加自己地区的投资。地区间的投资当然要有所区别，但必须看到全国除部分省（区）外，"八五"时期的投资增幅都很大，很多地区都铺开了一个很大的摊子，难以收拾。"九五"期间把已经铺开的摊子建设好，把已形成的生产能力好好改组改造一下，就会有很大的潜力。新项目搞多了，未必就能真正增加财政收入。

转变思想还有一个难点，就是要顶住社会舆论的压力、前后左右相互攀比的压力、政绩考核的压力。现在最重要的是不要再宣扬那些盲目上数量、上项目的典型，不再搞那些只讲数量不讲效益的评比和排名了。不要给中西部地区的党政领导施加更多的压力，也不要作更多的不切实际的承诺。

四、关于经济体制改革，至关重要的是转变政府职能，推进政企职责分开，打破条块分割局面，实现市场统一。

改革开放以来，政企不分的现象有一些改进。但从根本上来说，这个问题并没有解决。政府机构的设置和这些机构的职能，基本上仍然是计划体制下的一套，行业垄断，地区分割。政府与企业的职能错位，追求的目标混乱，该政府管的事没有管理好，该企业管的事情又多由政府部门分兵把口。专业部门的设置过于分散，职责不清，经常相互打架。上面的过度分散，导致下面的分散。部门利益、地区利益高于全局利益。这种状况，使企业无法成为自主经营的实体，致使市场机制难以发挥作用，也使国家的宏观调控遇到重重阻力。上层建筑不适应经济基础，已经成为改革与发展的严重障碍。这种体制不转变，增长方式也转变不了，建立现代企业制度将无从谈起，建立全国统一市场将是纸上谈兵。

五、要实现“两个转变”，必须改变干部考核的标准，转变干部工作作风。

考核干部的标准，应当随着“两个转变”而转变。干部政绩的考核标准不转变，“两个转变”也实现不了。“数字出干部，干部出数字”的现象，不能继续下去了。

转变干部工作作风，应当作为一件大事来抓。现在说大话、说空话、说套话成风，虚报浮夸盛行，形式主义、主观主义、官僚主义严重，理论联系实际、密切联系群众、批评与自我批评的作风淡薄了。转变领导干部工作作风，对实行“两个转变”是大有好处的。

会议结束后，我把上述分析和建议，以《会议综述》的形式报送给全国政协和国务院领导。国务院办公厅根据国务院领导同志批示，作为参阅文件，把这个《会议综述》印发给各地区、各部门参阅。

1996—2000年实施的“九五”计划，由于宏观调控有力，执行情况是好的，全社会固定资产投资控制住了，能源消费总量也控制住了，通货膨胀得到了有效的解决。

2009年7月25日，我在中国宏观经济学会关于转变经济增长方式研讨会上，有一个题为《转变经济增长方式，必须首先转变经济发展观念》的发言。

下面是发言的全文。

党中央提出转变经济增长方式由来已久，但是转变起来很难。

1982年党的十二大提出，把全部经济工作转到以提高经济效益为中心的轨道上来，这是党中央提出转变经济增长方式的开始。1987年党的十三大讲，必须坚定不移地贯彻执行注重效益、提高质量、协调发展、稳定增长的战略，归根结底，就是要从粗放经营为主逐步转到集约经营为主的轨道上来。1992年党的十四大讲，不要一讲加快发展就一哄而起，走到过去那种忽视效益、片面追求产值、争相攀比、盲目上新项目、一味扩大基建规模的老路上去。1995年党中央提出“九五”计划的建议，强调了积极推进“两个根本转变”，并且将其写进了1997年党的十五大报告。2002年党的十六大提出，走出一条科技含量高、经济效益好、资源消耗低、环境污染少、人力资源优势得到充分发挥的新型工业化路子。2005年，党中央提出了“十一五”规划的建议，进一步提出了加快转变增长方式，并且将其写进了2007年党的十七大报告。

这就是说，转变增长方式的问题已经从党的十二大讲到党的十七大，经历了六次党代表大会。但是，我们今天看到的是增长方式依然粗放。今年上半年GDP增长7.1%，而投资增长33.5%，走的依然是主要依靠投资拉动经济增长的老路。

转变增长方式从党的十二大讲到党的十七大，之所以很难转变，必须首先从认识上找到根源。如果不认真总结经验教训，不从根本上转变发展观念，再继续讲下去，恐怕还是转变不了。没找到加快转变增长方式的根源，就加快不了转变，这是显而易见的。

我感到，增长方式转变不了有三个障碍：

第一，对粗放增长方式的弊端揭露得不够，没有说到痛处，不痛不痒。因此，它还有市场，还令人留恋。

经济工作中成绩和缺点往往是共生的，这边看是成绩，那边看就是缺点。GDP每年增长10%以上是很好的成绩。但能源资源付出的代价过大，环境污染严重，这又是缺点。只强调成绩，不强调缺点，那就把粗放的增长方式美化了，连粗放的增长方式也变成主要成绩了。

工业化给人类带来幸福，但大量地燃烧化石能源，搞高碳经济，也给人类带来灾难。地球温度上升，气候变暖，水旱灾害频发，物种减少，就是最大的灾难。事物都具有两面性，只讲一面不行。

我们国家最大的一个国情，是人口占世界的20%，而陆地的土地面积只占全世界的7%，淡水资源还不到全世界的7%，资源和环境是经济发展的最大制约。经过几十年的建设，主要是东部地区粗放地率先发展，我们已经在全世界成为许多资源的最大消耗国，也是最大污染国。如果西部和中部地区继续走东部地区粗放发展之路，资源和环境将更加难以承受。国情就决定了我们必须加快转变增长方式，由粗放经营转到集约经营，由高碳经济转向低碳经济。转变不转变增长方式，决定我们国家的兴衰成败。不这样认识问题，就不能提高加快转变增长方式的自觉性。

第二，GDP崇拜害死人。只要是你过分地追求GDP的增长速度，你的增长方式就转变不了。几十年的事实证明了这一点。

多少年来我们没有弄清楚好和快的关系。在实际的经济发展过程中，你要要求好，那就不能追求太快；你要追求太快，那就必定不会好。说追求效益就会忽视速度，这是一种悖论。只有效益好的速度，才是靠得住的速度，是可持续的速度，因而也是最好的速度。因为效益好而速度掉下来，那掉下来也是正常的。我们要的是效益好的速度。效益不好的高速度要它干什么？高能源消耗、高环境污染的速度，要那么高干什么？

不是讲一切经济工作都要转到以提高效益为中心的轨道上来吗？一切都要用经济效益来衡量吗？这就应当用经济效益挂帅，效益怎么好就怎么做。在速度和效益两者中间，只能有一个作为中心，不能两者都是中心。如果第十个五年计划、第十一个五年规划，我们按照中央定的7%和7.5%的增长预期去做，那就不会出现今天这么多的问题。我们应当维护7%、7.5%的预期速度，不应当为盲目发展的10%唱赞歌。

我们现在鼓劲，成天是给干部鼓劲。什么跨越式发展，什么赶超的气魄，什么已经驶入了快车道、不进则退、慢进也是退，真正的企业家才不听你这一套呢。你说要化危为机，他要捂紧腰包，看钱投下去能不能收回来。

我们的目标是到2020年建成小康社会。小康社会应当是一个幸福的追求，要考虑定几个幸福指标，把追求GDP转到追求人的幸福生活上来。

第三，体制是最大的障碍。我们现在的体制是，中央有中央的计划，地方有地方的计划，而且是以地方的计划为主。现在块块分割，画地为牢，而地方又在很多事情上政企不分，行政主导一切。1952年国家计委成立时我就来了，当时搞计划经济，后来是批计划经济。我看现在有些地方的计划经济比任何时候都厉害。什么是计划经济？中央制定计划，然后层层分解到省，省把指标分解到地市去，地市又把指标分到县去，然后层层考核。现在不少地方的计划依然是指标层层分解下达，有的市区甚至把GDP和投资的指标下达到街道办事处，这是过去没有过的。

我们搞的是社会主义市场经济，让市场对资源配置起基础性作用，而企业是市场的主体。不知道为什么GDP要政府承担责任，那企业干什么呢？

现代化的大工业，块块分割、画地为牢，这在哪个现代化国家都没有。1984年党中央作出的第一个改革决定，就指出了原有体制的弊端是政企不分、条块分割。从那个时候算起到现在已经25年。政企不分、条块分割到现在仍然根深蒂固。党中央、国务院经常要求地方加强全局观念，体制不改，这都等于与虎谋皮。我认为办法只有一个：把社会化大生产的计划权和管理权从地方手里面拿出来交给企业、交给市场，你不要管了，你只管市场监管、社会管理、公共服务。

事实说明，承认不承认企业是市场的主体，让市场对资源配置起基础性作用，比政府配置资源更加合理。是不是真正把资源配置的基础性作用交给市场，政府承担起宏观调控、市场监管、社会管理、公共服务的职能，是不是实行"全国一盘棋"，宏观调控权集中到中央，是社会主义市场经济体制能不能得到维护的关键所在，也是经济增长方式能否转变的关键所在。只有认识清楚了这个问题，完善社会主义市场经济体制、加快转变增长方式才能成为真正自觉的行动。

"十五"计划、"十一五"规划期间，由于追求高速度，在2003年以后，固定资产投资又有所反弹，能源消费总量又有大幅度上升。

2012年3月24日，中国宏观经济学会召开常务理事会，座谈当前经济的发展与改革中面临的问题，以及相关的建议，作为向党的十八大建言。我在会上有一个发言，报给中共中央领导同志，标题是《经济工作指导方针应当从求快转向注重质量效益、持续稳定协调发展》，供党的十八大报告起草组参考。

全文是：

当前，国际国内经济形势发生了重大的变化，国家的经济指导方针应当作相应的改变。

2010年，我国经济总量已经超过日本，成为世界上第二

2012年3月24日，召开中国宏观经济学会第四届理事会第二次常务理事会。前排从左至右：吴树青、王春正、房维中、刘国光、项怀诚、佘建明。后排左从第三人起：王长胜、李晓西、韩永文、曹玉书、林兆木、王建、杨伟民、刘亭、张奎、白和金

大经济体。但是在质量和效益上，我们仍然远远落后于日本和欧美经济发达国家。欧美国家为了摆脱经济衰退和债务危机，进口收缩，贸易保护主义抬头，我国的出口遇到极大的阻力。

2002年以来，我国经济增长已连续10年保持了10%以上的年均增长速度，但经济增长方式仍然粗放，经济结构严重不合理，能源和环境成为经济增长的瓶颈，发展中不平衡、不协调、不可持续的问题突出。由于分配不公，贫富差距扩大，社会矛盾增多，也要求我们调整经济部署，把改善民生、提高公共服务水平摆在重要的位置。

从1992年党的十四大开始，我党实行了加快发展的方针，到现在已经20年。前10年经济增长由慢到快，1992年、1993年达到14%，但1994年通货膨胀率也上升到24%，不得

不采取“软着陆”的办法，对国民经济进行调整，1998年经济增长在8%左右的正常水平。近10年在发展速度上明显快了，但也出现了不平衡、不协调、不可持续的问题。这就要求我们要很好地总结这20年的经验教训，从现实的经济形势出发，把加快发展的方针改变为注重质量效益、持续稳定协调发展的方针。

这一指导方针转变之所以是必须的，主要在于：

第一，“十二五”规划已经明确以科学发展为主题，以转变发展方式为主线。如果坚持加快发展方针不动摇，就与这一主题和主线相矛盾，妨碍这一主题和主线的实现。

科学发展，要求以人为本，全面、协调、可持续。只有指导方针的这一转变，才能与科学发展相一致。

转变发展方式，就是要从追求速度转向追求质量和效益，从粗放转向集约。只有指导方针的这一转变，才能把转变发展方式落到实处。

第二，能源和环境已经成为经济发展的突出制约因素。如果不调整发展方针，不放慢经济的增长速度，我们就无法克服能源和环境的困境，经济也就无法前进。

2010年，我国能源消费总量已经达到36亿吨标准煤，比2000年的14.7亿吨增长了1.45倍，即10年翻了一番多。“十二五”规划要求，5年内单位GDP能耗降低16%，并要合理控制能源消费总量。但是，“十二五”规划第一年的2011年，单位GDP能耗只降2.01%，没有完成降低3.5%的约束性指标，能源消费总量猛增到38.7亿吨标准煤，增长了7%。原因就在于许多地区还在追求加快发展和实施跨越式发展。

在我国的能源消费总量中，70%靠煤炭，而煤炭的燃烧放出大量的二氧化碳、二氧化硫、烟尘、氮氧化物、汞等有害物质；加上汽车尾气的排放，我国已经成为世界上的污染大国。呼吸上新鲜空气、喝上干净的水、吃上放心的食品，成为人民的迫切要求。

减少二氧化碳的排放，减缓气候变暖速度，已成为全世界人民关注的问题。我国现在的二氧化碳排放总量已超过美国，如果我们不采取措施，控制化石能源消费总量的增长，到2020年当我国二氧化碳排放总量超过美国和欧洲经济发达国家二氧化碳排放总和的时候，我们将成为世界舆论的众矢之的。

第三，我们的经济体制改革进展迟缓，就是因为我们迷恋于现行的块块分割的体制能够使GDP连续多年保持较高的增长速度，忽略了正是这种体制阻碍我国的科学发展和增长方式的转变，成为经济发展中不平衡、不协调、不可持续的体制根源。不转变加快发展的方针，也就难以推进社会主义市场经济体制的完善，而不打破块块分割的体制，持续稳定协调的发展方针也难以实现。任凭地方块块分割，画地为牢，敞开口消耗能源，放任GDP增长，加剧环境污染，投资饥渴，欲壑难填，不知道会把中国引向哪里去，祸福难料。

经济指导方针从求快转向注重质量效益、持续稳定协调发展，这既符合当前的经济形势，也符合党的十一届三中全会以来我们总结历史经验教训、经过千锤百炼所形成的正确的经济指导思想。

1982年党的十二大，总结了1958年“大跃进”和1977

年、1978年两年以追求速度为中心的指导思想加剧了国民经济比例失调程度的教训，作出了“把一切经济工作转到以提高经济效益为中心的轨道上来” 的重要决定。

1987年党的十三大，总结了1984年以来追求经济提前翻番所发生的固定资产投资增长过快、信贷发放过多、财政赤字过大的教训，作出了“必须坚定不移地贯彻执行注重效益、提高质量、协调发展、稳定增长的战略”的决定。

党的十三大政治报告，虽然确定了稳定协调发展的战略，但没有得到认真的贯彻执行。1987年、1988年两年由于片面追求速度，经济再次过热，导致严重的通货膨胀，1989年不得不对国民经济进行大调整。1989年11月召开的党的十三届五中全会，通过了《中共中央关于进一步治理整顿和深化改革的决定》。该决定对于我国经济生活中出现的困难和问题，中央承担了责任，指出脱离国情、超越国力、急于求成、大起大落，是40年来最重要的教训，要深刻记住这个教训。任何时候都要牢固树立持续稳定协调发展的指导思想，坚决防止片面追求过高的发展速度，始终把不断提高经济效益放到经济工作的首要位置上来。

在我们国家的社会主义建设中，可以说有两个硬道理。一个是在发展与不发展的问题上，发展是硬道理。只有通过发展，才能解决我们所面临的各种难题。否则只能是死路一条。另一个是在怎样发展的问题上，讲质量、讲效益、持续稳定协调发展，才是硬道理。只有这样的发展，才是靠得住的发展，是最快的发展。否则，发展就会遇到挫折，甚至前功尽弃。我们不能有片面性，只记住一个硬道理，而忘记了另一个硬道理。如同一个人，每天要吃饭，摄入必要的营养和热量，这是硬道理，否则会死人的。但吃饭不能吃得过多，摄入的营养和热量不能过多，这也是硬道理。否则，各种疾病就会缠身，也会死人的。

有这样一件事情，可以给人以启发。1992年1～2月，邓小平同志发表南方谈话后不久，一些地方出现了片面强调发展是硬道理的问题，掀起了新一轮的大干快上。3月，朱镕基同志在第七届人大五次会议上海代表团讨论会上发言，指出要全面正确地理解邓小平同志的南方谈话，不要片面强调发展是硬道理；指出邓小平同志讲“能发展就不要阻挡，有条件的地方要尽可能搞快一点”，紧接着就讲了三个约束条件，这就是“只要是讲效益，讲质量，搞外向型经济，就没有什么可以担心的”；邓小平同志讲“我国的经济发展，总要力争隔几年上一个台阶”，下面马上提出一个约束条件：“当然，不是鼓励不切实际的高速度，还要扎扎实实，讲求效益，稳步协调地发展。”朱镕基同志的这个发言，当时有人认为这是同邓小平同志南方谈话唱反调，朱镕基同志也感到有很大压力。不久，邓小平同志看了他的这个发言，予以充分肯定。中央决定，这个发言以《中办通报》印发各地区、各部门，并刊登了江泽民同志的批语：“朱镕基同志在人代会上海代表团会议上的发言，有内容、有重点、有分析、有办法，抓住了小平同志最近重要讲话的精神实质，使人很开脑筋，值得一读。” 人民出版社出版的《朱镕基讲话实录》第一卷对此有所记述。可见，片面强调“发展是硬道理” 的大有人在。他们以为，既然“发展是硬道理”，就不应当有什么约束条件，这些约束条件都是条条框框，统统是软道理，不是硬道理。这就把我们国家几十年的经验教训全部忘掉了。邓小平同志充分肯定了朱镕基同志的发言，这就说明邓小平同志也不赞成认为朱镕基同志曲解了他的南方谈话的观点，不赞成片面地去强调“发展是硬道理”，不赞成说朱镕基同志的发言是同他的南方谈话唱反调。我的理解是，既然加快发展必须有约束条件，这些约束条件不是可有可无的，丢掉了这些约束条件就会出问题，甚至是出大问题，令人担心，因此它也是硬道理，不是软道理。如果不是硬道理，它也成不了约束条件。中华人民共和国成立以来60多年的实践证明了这一点。

历史的经验告诉我们：在不注意经济发展的时候，要强调发展是硬道理；在大家都注意发展经济的时候，就要更加强调注重质量效益、持续稳定协调发展。特别是在发展中不平衡、不协调、不可持续的问题已经突出的时候，更应当强调后者。

2012年党的十八大以来，以习近平同志为核心的党中央，在经济工作的指导思想上作出了重大的转变。第一，适应国内外经济形势的新变化，加快形成新的经济发展方式，把推动发展的立足点转到提高质量和效益上来，即以质量效益为中心。第二，强调要推动经济“持续健康发展”，不再提“平稳较快发展”。持续健康发展，要求的是尊重经济规律，有质量、有效益、可持续的速度，要求的是在不断转变经济发展方式、不断优化经济结构中实现增长。

2017年10月，习近平总书记在党的十九大报告中指出，我国经济已由高速增长阶段转向高质量发展阶段，正处在转变发展方式、优化经济结构、转换增长动力的攻关期。必须坚持质量第一、效益优先、以供给侧结构性改革为主线，推动经济发展质量变革、效率变革，提高全要素生产率。

从党的十八大提出以质量效益为中心，到党的十九大提出我国经济由高速发展转向高质量发展，表明以习近平同志为核心的党中央转变发展方式的决心，并且提出一系列的政策体系，表明这是我国经济工作指导思想的真正转变，令人振奋。

三 改革经济体制

1978年12月中共十一届三中全会召开，邓小平吹响了改革开放的号角。1979年6月，国务院部署开展经济体制改革调查研究。决定对三个问题进行调查研究：第一，关于经济体制问题；第二，关于经济结构问题；第三，关于引进新技术、设备和资金问题。按照这三个问题，成立三个小组。

1979年7月2日，经济体制改革研究小组成立，张劲夫任组长，薛暮桥、廖季立、刘明夫和我任副组长。经过酝酿，7月24日至8月初，经济体制改革研究小组召开座谈会，讨论改革总体设想，薛暮桥、刘明夫、孙冶方、刘国光、董辅礽和我在会上都有发言，薛暮桥的发言具有代表性。

薛暮桥首先发言：体制改革碰到一个根本性的理论问题，即如何理解社会主义经济的计划管理。过去有一种认识，资本主义经济是生产无政府状态，社会主义经济的一切经济活动必须纳入国家计划。现在看来，这种认识是不对的。第二次世界大战后，资本主义经济也在进行国家干预，对市场进行预测，并通过财政金融的作用，实行某种程度的计划调节。社会主义计划经济，也要利用市场和价值规律的作用。两种不同的经济制度，有一些共同的规律，只要是社会化大生产，就必须有一定的计划性；只要存在商品货币关系，就必须利用市场和价值规律。社会主义计划性远高于资本主义，但单纯采取行政方法管理经济，不利用市场和价值规律是不行的。

接着，薛暮桥讲：我国管理体制的根本缺点，是行政管理割断了经济活动的相互联系。条条管理的结果是“人财物各有所管，产供销互不见面”，把各经济部门之间的联系切断了。块块分割也不行，切断了地区之间的联系。赫鲁晓夫搞过100多个经济区，失败了。资本主义国家发展跨国公司，建立共同市场。我们各省各县如果画地为牢，是完全违反经济发展规律的。改革的根本道路是按照经济发展的客观规律来管理经济。社会化大生产，要求跨行业、跨地区，甚至跨国家。所以，现在不应该是条条块块之争，而是扩大企业管理的权力，按照经济发展的需要来重新组织我们的经济结构。企业能够自己管理人财物、产供销，企业与企业可以直接联系，不必层层上报。

我在会上的发言题目是《现行经济管理体制存在的问题及改革的一些设想》。

发言的内容是：

我们现行的经济管理体制，弊病很多，主要问题有三个：

第一，自上而下的指令性计划，管得太多，把经济搞死了。国民经济错综复杂，不断变化，要想通过国家计划对各项经济活动统统作出具体的规定，根本不可能。国内外的经验证明，没有哪一个中央机构能够解决经济问题的全部细节。

第二，按行政系统、行政区划、行政层次、行政手段来管理经济，切断了经济的自然联系，排除运用经济的办法，产生了一系列问题和数不尽的浪费。许多事情，企业之间直接见面，问题就能很快解决，但非得一级一级地报批。几十道关口，一个关口通不过，事情就停摆了。而从下向上报，再从上向下批，一个圈子兜过来，即便顺利通过，也已经时过境迁了。

第三，企业本身没有自主权，什么事情都得由上级布置，上级批准，多少条绳索把企业捆得死死的。其结果是，企业只对上级负责，对计划负责，吃“大锅饭”，想积极也积极不起来。等、靠、要不对，但现行体制就是鼓励等、靠、要，鼓励伸手，而不鼓励企业开动脑筋，自己想办法把事情办好。

这三个是互相联系的。搞包罗一切的指令性计划，就得主要靠行政机构、行政手段。其结果，必然束缚和伤害企业的积极性。企业是生产的直接承担者，企业没有积极性，生产要更快地发展是不可能的。

当然，问题不止这三个。在企业本身，还有一个经营好坏同生产者个人的物质利益不挂钩的问题。这个问题也是非常重要的。

为什么长期打不破这套体制？认识上有偏差，以为社会主义公有制，实行计划经济，就得实行包罗一切的指令性计划。越是问题多，越是嫌管得少、管得不严。过去老批评计划不全、不深、不透，不仅要管全民企业，连社队企业的供产销都想直接纳入国家计划。国家管的经济技术指标，越加越多。中央管不了，就想放给地方，地方管不了，出了问题，又收回中央。来回兜圈子，就是不去想怎样扩大企业的权力，把许多事情让给企业自己去管。

强调计划经济是完全正确的。国家通过计划，指导国民经济按比例发展，避免无政府状态。但是，计划经济是不是一定要全部实行指令性的计划，可不可以利用市场关系和经济手段来达到计划规定的目标？事实证明，是可以这样做的，而且应当这样做。

我们应当实行什么样的经济管理体制，现在的想法不尽一致。大体有三种方案：

第一种，高度集中，恢复第一个五年计划时期的做法，即实行“古典式的中央计划经济”。主张这种体制的同志还是有的。但是，这种体制，中央与地方之间矛盾重重，部门与部门之间矛盾重重，地方与地方之间矛盾重重，中央、地方与企业之间也矛盾重重，这是实践已经证明了的。

第二种，分散管理，各省、市、自治区经济独立，即实行以省、市、自治区为主的“地方计划经济”。这样办，可以八仙过海，各显神通。但是，这种体制仍然没有解决企业自主权的问题，不过把中央集权中存在的问题不同程度地转到省市区的头上，而按行政区划和用行政手段管理经济所带来的弊病并没有消失，且会限制地区之间的经济协作和经济交流。许多资本主义国家实行“虚君共和”，中央管虚，地方也不直接管企业。美国的企业并不是按几十个州划分的，日本也不是按几十个县划分的。现在，跨国公司盛行，欧洲正在搞共同体，而我们如果把全国经济按省、市、自治区划分为29块，有的同志担心，这不是前进，而是后退。当然，不是说不要扩大地方的权力，而是应当给地方的权力要给地方。

第三种，给企业以更多的自主权，按经济规律发展经济。打破部门和行政区划的界限，把行政管理系统和经济管理系统分开，以企业为基础，按照社会化大生产的要求，怎样组织合理就怎样组织。企业在哪里，就给哪里缴税。部门和地方负责研究发展规划、方针政策，负责企业之间的协调和思想政治领导，地方还要负责搞好公用事业建设。企业拥有生产、交换、分配的更大主动权。国家给企业指明发展方向和要求，但尽量减少下达指令性计划，更多地主要采用经济手段来管理经济，实行计划调节与市场调节相结合。

第三种方案，可以解决我们现行体制中存在的主要问题，但是实行起来并不简单。要把理论搞清楚，把很多细节搞清楚，必须做大量工作，实行起来要有很多过渡阶段，会遇到很多的阻力。现在，对于第三种方案的许多提法，可能并不准确，也还没有一个完整的设想，但这却是一个方向。我们要从中国实际情况出发，借鉴外国的经验，闯出一条路来。

实行体制改革，第一件事情，是先把方向搞清楚。每一个小改小革，要遵循这个方向前进，而不能同这个方向相背离。没有全局在胸，没有一个明确的方向，体制改革是搞不好的。

我的发言，是推荐第三种方案，否定第二种方案。但多少年的实践证明，实际实行的基本上是第二种方案。我从头到尾反对的，就是以块块计划为主，并且把地方的经济总量指标和固定资产投资指标层层分解下达，年终考核与干部奖惩升降挂钩的计划体制。

1980年3月底到4月间，在国务院召开的长期规划座谈会上，薛暮桥除讲了关于编制十年规划的方针政策问题，在4月19日还写了《关于经济体制改革的一些意见》。意见提出"问题出在按行政系统管理企业，要想办法使政府机构同企业脱钩"；"体制改革不能单打一，碰到一个问题解决一个问题"；"按行政区划来分割经济活动，违反社会化大生产的客观规律。要打破条条分割，也要打破块块分割。我国是一个大国，完全统一管理是不可能的。但如果把29个省市区发展成为29个独立的经济单位，那也不行。过去争来争去，不论总是以条条为主，还是以块块为主，离开了行政管理就没有别的办法。要想出一条新路子来。按照适合于社会化大生产客观规律的办法来改组我们的经济结构。如果不解决这个问题，就不可能提高经济效果，四个现代化是很难实现的"。薛暮桥的这些意见是很有见地的。

一个是必须实行政企分开，一个是必须打破条块分割，抓住了体制改革的核心。这些意见在国务院召开的几次座谈会上取得了共识，被写进了1984年《中共中央关于经济体制改革的决定》中。这个决定，明确了传统体制的弊端是政企不分，条块分割；我们实行的是有计划的商品经济，自觉地运用价值规律。

1992年1～2月，邓小平发表南方谈话，明确指出：计划经济不等于社会主义，资本主义也有计划；市场经济不等于资本主义，社会主义也有市场。1993年11月，中共十四届三中全会作出了实行社会主义市场经济体制的决定，让市场对资源配置起基础性作用，政府承担必须由政府承担的事情。这是一个具有伟大历史意义的变革。

1992年4月，根据邓小平南方谈话，为加快上海浦东开发开放，国家计委派我率一个组到上海调研。4月21日，我在上

1992年4月21日，国家计委调研组听取上海市浦东开发设想的汇报。右二为上海市计委主任徐匡迪，右三为房维中

海浦东开发座谈会上做了题为《大力支持浦东和以浦东为龙头的长江三角洲的开发和开放》的发言。内容如下：

这次国家计委调研组来上海，主要是了解上海市对加快浦东开发开放的设想，同时了解如何以浦东为龙头，加快长江三角洲地区经济发展和改革开放的步伐。

到上海以后，听取了上海市计委关于90年代进一步扩大改革开放若干问题以及浦东新区十年规划和“八五”计划纲要的情况汇报，并到实地看了浦东新区开发的进展情况，到金山石化总厂、宝山钢铁总厂听取了他们今后发展的规划设想，到上海证券交易所参观和听取了上海证券市场的情况介绍。

在听取上海市情况介绍的同时，还请来江苏、浙江两省的计委同志，听取了他们如何配合和参与浦东开发，通过浦东开发把长江三角洲的经济带动起来，达到优势互补、共同发展的一些设想。

经过了解情况和实地考察，我们有这样一些认识。

一、我国的对外开放，总体局势是由南向北推进和由东向西推进的。

20世纪80年代走在前面的是毗邻港澳的深圳、广州乃至整个珠江三角洲，这一地区的改革开放对全国起了示范作用。90年代，在继续加快这一地区发展的同时，浦东将成为我国开发开放的重点。上海经济基础雄厚，技术力量强，辐射面宽，开发浦东、振兴上海可以带动长江三角洲的进一步开发开放，以及加速发展。长江三角洲的发展，将对我国现代化的进程起重大作用。环渤海湾地区的经济发展也会加快。这就是上海所说的沿海“五东”齐发，从广东、闽东一直到浦东、山东和辽东。在20世纪内成大气候的，是浦东以及以浦东为龙头的长江三角洲。随着沿海的开发开放，其效益将逐步由东向西推移，即由广东、广西通过南昆线向西南几省推移，由长江三角洲向长江沿江地带推移，沿第二大陆桥从东向西推移。东部地区将以高新技术产业和技术密集产业发展为基础，从海外进口资源让出一部分传统产业，使中部地区的资源得以开发和利用，并使传统产业得到一个大的发展，使东、中、西部地区经济的发展形成一个良性循环。

听了浦东和上海今后十年改革开放和发展的设想，我们受到很大启发。这些设想既有雄心壮志，又从实际出发，稳步推进。浦东规划体现了高起点，既有远期目标，也有近期要求。对指导方针、发展布局、基础设施建设、投资结构与资金平衡都有很好的设想。虽然这些还都是初步的，可能还要不断补充完善，但大的思路是有了。建设一个什么样的浦东、重新塑造一个什么样的上海，这是一个大课题。20年后上海将走向国际化，要研究国内大背景，也要研究国际大背景。它的认识不是一步能够完成的，需要继续开一些研讨会，而且要开一些国际性的研讨会，把视野拓宽，使规划更加切合实际。

上海开发浦东，是从全局出发的。上海考虑到长江三角洲的发展，提出“四共”方针，即共同协商，共同建设，共享利益，共同繁荣。江苏、浙江也提出了积极参加浦东开发的方针。江苏的提法是：政策接轨，参与开发，分层推进，统筹规划，以浦东为龙头，以南通、张家港、镇江、南京四大港口群体为支撑点，构成苏、锡、常、宁、镇、扬对外开放的长江工业走廊。浙江的提法是：积极呼应，主动配合，优势互补，共同发展，进一步以北仑港为支撑点，搞好宁波、温州两个沿海开放城市和杭、嘉、湖、绍、舟等开放地区，通过沪杭甬高速公路，实现“两港连线”（浦东和宁波），沿线定点，以点带面，连片开发。这样，以上海浦东为头，南北两翼都具备了。江苏、浙江两省的设想，希望上海市进一步参酌。这里确有一个共同协商、共同建设、统筹规划、优势互补、分层推进、共同繁荣的问题。长江三角洲应当是一个整体，江苏、浙江有了的，上海就不一定再去单独建设；上海浦东有了的，江苏、浙江就不一定再重新去搞。浦东一定要树立大浦东的思想，上海也一定要形成大上海的思想。

二、必须把转变增长方式摆在重要的位置。

20世纪80年代工业上一个新台阶，在一定意义上说是以解决人民吃穿用的轻工业和家电工业带头的，当时的约束主要是资源约束。90年代有一个很大的不同，即除了资源约束之外，市场约束日益突出。因此，90年代上新台阶，必须从国内和国际市场的需求出发，不单纯在数量上，更重要的是在质量上、在技术水平上上一个新台阶，把增长方式从大量消耗资源的粗放型增长转到以技术进步、结构转换为中心的集约型增长上来。不然，经济就增长不上去，增长上去了也不能持久。速度定多快，要看结构转换和技术水平提高的进程，看产品适应国际国内市场的拓宽程度，从产、供、销转到销、供、产。上海提出“稳定提高第一产业，积极调整第二产业，大力发展第三产业”，并与之相适应地提出了一些产业的内容，思路都是很好的。

三、改革、开放、发展三位一体，要从改革开放中找出路。

我们必须从改革开放中寻找经济发展的动力，解决前进中遇到的资金、资源、市场等问题。上海讲得很好，解决资金问题有三条路：一是依靠自己，有多少钱搞多少建设；二是借钱搞建设；三是利用外资，少借外债，利用内资，少借内债。第三条思路是一个好的思路。我们的思想要解放，敢于试点，要及时总结新经验，制定章程，然后推广。

四、尽量满足上海浦东提出的要求。

1. 浦东开发，政策都给了，要用足用好。

2. 需要国家计委办的事儿，来一件办一件，不积压，不拖延。条件具备的马上办；条件不具备的，帮助创造条件。具体说就是，符合产业政策、资金属实的，没有笼子给笼子。需要进行工程评估的，中国国际工程咨询公司可以派常驻小组，及时沟通。经评估后要立项、批可研的，尽量提高办事效率，缩短审批时间。需要国家计委出面协调的，国家计委积极协调。

1997年10月，中国宏观经济学会召开研讨会，根据党的十五大精神，专题讨论了行政体制主要是政府机构改革问题。根据讨论的意见，由我起草《关于行政体制和政府机构改革的建议》，报告给党中央、国务院。建议内容摘要如下：

一、现行行政机构的弊端。

现在的行政机构有它的演变过程，曾经发挥过积极的作用。但是，随着经济体制改革的推进，市场化进程的加快，经济基础已经发生了变化，而行政机构改革则相对滞后，基

1997年10月26日，中国宏观经济学会讨论行政体制改革建议。右起：项怀诚、房维中、刘国光、周叔莲、宋晓梧

本上沿袭原来计划经济的框架，同实行社会主义市场经济的要求发生越来越尖锐的矛盾。1984年10月，党的十二届三中全会《中共中央关于经济体制改革的决定》就明确提出，按照政企职责分开、简政放权的原则进行改革。14年过去了，尽管这中间进行了3次机构改革，但政府的职能并没有从根本上触动。行政机构改革的滞后和它的危害表现在：

第一，企业的产品已经商品化，市场对商品的供求起了决定性作用，而我们的行政部门却仍然直接掌握国有企业的生产经营权，按照粗放型的增长方式，片面追求数量的扩张，从而造成了生产的极大盲目性，造成产供销脱节。

第二，投资的资金来源已经多元化，银行贷款成为投资资金的主要来源。随着各项事业的发展和国民收入分配结构的变化，国家已经拿不出多少钱来搞建设。在这种情况下，行政部门本应缩短战线，调整投资结构和投资主体，但却仍然掌握投资的决策权，盲目地追求国有新建项目的扩张，限定银行给国有新建项目贷款，从而使建设规模不断扩大，战线越拉越长，大量企业无本经营。这种情况，不仅造成许多原有企业设备老化、生产停滞，也造成大量新建企业建成即停产和投产即亏损。

第三，我们的银行是国有的，但银行的存款主要来自居民储蓄，而居民储蓄是必须偿还的，且必须付之以利息。我们的行政部门和国有企业却常常无视这一现实和常识，认为它是国有的，就任意借用银行的资金，而没有考虑是否能够偿还，甚至根本就没有想还。这种状况的日积月累，就造成当前国有银行不良贷款达到令人担忧的地步，金融风险的压力在加大。

第四，市场经济要求全国形成统一的市场，但是政企不分所形成的条块分割的局面却长期没有被打破，甚至有变本加厉的倾向。简政放权，没有把权力放给企业，而是放给了地方政府，更加强化了条块分割。每个地区都有规划制定权、企业管理权和项目审批权，这就使“大而全”“小而全”和盲目重复建设愈演愈烈。许多企业只有一墙之隔，一水之隔，就是由于管辖权不同而各立门户。由于条块分割，一条江、一条河都难以统一治理。不解决政企不分问题，条块分割的局面永远也打不破。

第五，国有企业改革的目标已经明确，就是要使企业最终成为自主经营、自负盈亏、自我约束、自我发展的法人实体，要建立“产权清晰、权责明确、政企分开、管理科学”的现代企业制度。企业做不到自主经营和建立不起来现代企业制度，关键在政府，而不在企业。

第六，政府和企业职能错位，政府该管的许多宏观大事没有集中精力管好，却管了许多本来应当由企业自己管理的微观事情。行政机构的设置和人员编制又没有严格的法律监督，以至人员越来越多，行政机构越来越臃肿，官僚主义越来越严重。

归结起来，现有政企不分的行政体制的弊端有：一是政府还在很大程度上对社会资源的配置起基础性作用，条块分割，市场信息不足，以及非经济因素在起作用，造成社会资源的巨大浪费，并造成经济和社会的不稳定；二是对经济中出现的问题，谁都不负直接责任，谁都不承担风险，最后的风险只能落到国家的头上，落到老百姓的头上；三是产生腐败的一个重要根源。

行政机构改革为什么滞后，为什么改不动？有个权力和利益再分配问题，也有个习惯势力问题。微观事情管惯了，乐此不疲，对企业的苦衷无切肤之痛。

改变行政机构改革滞后，必须从根本上转变观念。行政机构改革是一场革命，它关系到党的十五大提出的两大课题能不能实现，即中国社会主义市场经济体制能不能建立，中国的经济能不能长期保持持续、快速、健康的发展。是下大决心的时候了。

二、现在是政府机构改革的有利时机。

1. 问题到了不能再拖的地步，也就到了有条件解决的时候。大家都认为非改不可，对“改”已经在不同程度上形成共识，并且已经有很多正反两方面的经验可供借鉴，改革有成功的把握。改则得人心，不改则不得人心；改则有希望，不改则没有希望。

2. 刚刚闭幕的党的十五大是最好的“东风”。学习是为了弄通思想，干则是实际行动。

3. 1998年3月中央政府换届是一个好的机遇。

转变政府职能，让企业自主经营，会不会出乱子？现在的乱子出在政企不分，企业没有自主权。让企业有自主权，这是治乱之道，而不是惹乱子。何况宏观调控权在政府手里，政府对企业还可以进行间接管理。在农村实行家庭联产承包责任制的时候，就有过担心，怕承包下去城市没有粮食吃。结果恰恰相反，农民有了自主权，有了积极性，粮食就多了起来。国有企业也同样是这个道理。政府管就放心，企业自主经营就不放心，这是长期在计划经济体制下造成的一种错觉，这种错觉必须更正。

三、如何划分政府与企业的职能。

1. 以下一些事情应当是企业的职能，是政府可以不管和不该管的事：

企业自身的生产经营。这是企业的权力，政府不应当干预。事实证明：国有企业不活，主要原因是政府管得过多；让企业自主经营，就会产生自负盈亏、自我约束、自我发展的机制，企业就能搞活。

投资决策权。除国家垄断项目和特大型工程外，政府也不应当干预，由企业和业主自行负责，自担风险。政府逐个审批项目的制度弊病很多，事实证明它并不能避免盲目的重复建设。由企业自行决策、自担风险，它可能更加慎重。因为它必须紧紧盯住市场，必须把效益摆在第一位，必须通过真正的协约、合同把建设条件落实，必须抓紧时间把项目建成投产，必须竭尽全力节约资源，必须千方百计尽早还债。否则，它将承担起建设的后果。

商业银行对企业和业主的贷款，政府不应当干预。由银行自主决定、自担风险。银行的职能应当加强，不是政府与企业“一对一”，而是银行与企业“一对一”。

企业的人事任免、劳动用工、工资奖励由企业决策层自主决定，政府不应当干预。应当明确，企业管理人员与政府机关公务员不同。按照《中华人民共和国公司法》，国有独资公司，政府只应委派董事长，其他人员由董事会聘任，政府不能越俎代庖。否则，企业既要看市场，又要看市长，管人的不管事，管事的又无权管人，企业的责任制永远建立不起来。在企业内部，能不能调动经营者和劳动者的积极性，分配制度极为重要。现行的大型国有企业的分配制度要改。

过渡期有几件事情政府还要管，而且要协助企业管：下岗人员的分流；历史积累下来的债务包袱；企业办社会的负担；大企业集团的资产重组（不要搞“拉郎配”）。

政府不该管的事情不管了，市场才能对资源的配置起基础性作用。

2. 在经济运行方面，以下一些事是政府该管的。

立法，确定企业运行的准则；商品标准的制定，质量的检查和监督，名牌的注册，专利的认定和保护；管理国有资产；保证政府公职人员和军队的开支，废除这些部门的创收制度，促使他们为纳税人服务；制定有效的宏观经济政策，主要是财政政策和货币金融政策，制定指导性的而不是指令性的中长期规划，及时公布信息，实现经济的稳定增长；利用宏观调控手段，主要是运用财政、货币杠杆，保持经济总量平衡，防止和抑制通货膨胀；保护矿产资源、水资源、森林资源、土地资源的合理运用，保护生态平衡；建立有效的社会保障制度，保证社会分配的公正和公平；等等。

通过这些，发挥政府的宏观调控作用。

简要说，政府的基本职能，是建立一个平等的竞争环境和宏观稳定的经济环境，让企业在这一环境中运行。政府不干预企业内部事务。这样政府才能超脱，才能真正精简。

这个建议，受到国务院的重视，根据国务院领导同志的批示精神，由国务院办公厅以《参阅文件》印发给各部门、各地区。

2000年3月3日，全国政协九届三次会议召开。3月5日下午，全国政协经济组讨论政府工作报告，朱镕基总理参加并讲话。会后，朱镕基总理对我说，中央将开始研究“十五”计划，希望全国政协能够积极提出建议。

根据全国政协安排，2000年5月，全国政协经济委员会在长江轮上，召开全国地方政协经济委员会座谈会，讨论对“十五”计划的建议，全国政协副主席陈锦华参加。根据讨论意见，我执笔起草了一个文件《“十五”计划必须体现体制创新》，报送党中央、国务院。

下面是对经济体制改革提出的建议：

“八五”“九五”计划的执行取得了巨大成绩，但也发生了严重的重复生产和重复建设，加深了经济结构不合理，造成大量生产能力闲置、工人下岗、失业人员增多。其主要根源在于原有经济体制中政企不分、条块分割的弊端没有根本消除。“十五”计划要保证国民经济健康发展，必须解决这一体制上的问题，把体制创新作为带动发展和调整经济结构的推动力，避免同样的问题再次发生。

历史的经验值得汲取。过去发生过“一统就死，一放就乱”的现象，根源在于政企合一的经济管理体制。在强调集权时，把经济管得过死，缺乏活力；在放权时，又把权力放给了地方政府，而没有放给企业。地方政府对企业仍然是政企不分，而且条块分割、自成体系。这就在调动地方政府积极性的同时助长了盲目性。改革开放以来，对原有的计划经济体制进行了很多改革，取得比较明显的成效。但是，政府机构改革滞后，1998年国务院机构进行了改革，而地方政府的机构改革才刚刚起步。政府的职能还没有完全转变过来，政企不分、条块分割的局面还没有从根本上被打破，企业仍然听命于政府，块块之间仍然追求各自的利益，争上项目，竞相攀比速度。当前，大量的生产能力过剩，大批工人下岗，并不是由于增长速度不快，也不是由于投资太少，而是由于现行体制造成资源配置不合理，生产脱离市场，投资效率下降。很显然，如果不解决体制问题，单是追逐发展速度，其结果将不能很好地达到发展的目的，也不能很好地解决当前的问题。解决体制转轨的问题，是发展国民经济的迫切需要，是调整经济结构的迫切需要，也是加入世贸组织、进一步扩大对外开放的迫切需要。

政企分开，是体制转轨的核心。让企业成为经济活动的主体，让市场在资源配置中起基础性作用，政府则承担必须由政府承担的事情，这是社会主义市场经济体制与计划经济体制的根本不同点。政企大体分开了，社会主义市场经济体制的框架才能形成。政府指挥企业已经成为一种习惯势力，转变体制首先要转变思想观念。“十五”计划必须促进这一转变，体现这一转变。

当前，政府与企业之间存在职能“错位”的问题，也有政府职能“不到位”的问题。在政府的行政行为中，很多还是靠审批，这不仅影响经济活动的正常进行，而且为腐败造成空隙。这些问题都应当在政府机构改革和职能转变中进一步解决。

根据市场对资源配置起基础性作用的原则，在长期计划中，政府部门的职责应当是正确地估量形势，提出经济发展的任务和实现这些任务的途径，制定经济的运行准则，除了由政府出资建设的基础设施和公共公益性事业外，主要通过政策导向、法律法规、信息发布来体现政府意志，而不再硬性地规定各种数量指标，直接调动社会资源和指挥企业来贯彻政府的意图。生产什么，生产多少，建设什么项目，在哪里建设，除了国家直接控制的涉及国家安全、自然垄断和提供公共产品及服务的行业外，都应当由企业根据自身的状况和市场需求作出决策，其成败由企业自己负责。这些，都不应由国家计划规定。

对于社会主义市场经济条件下计划的功能和内容与计划经济条件下有什么不同，应当进行专门研究，并结合“十五”计划的实际进行必要的改革。

为了调动地方的积极性，避免盲目性，防止结构升级中再次发生重复建设和热点集中，形成结构雷同的问题，必须认真重视和克服计划体制上条块分割、自成体系的弊端，找出体制创新之路。

全国按31个省、区、市建制，各有各自的计划制定权。各省区市为了追求本地区的政绩，都把经济增长速度作为主要目标，相互攀比，竞相赶超，从而造成大量的重复生产和重复建设，而且总是“你长我不长”。这种以行政区为界、画地为牢的计划模式，既破坏了市场的统一性，也违背了资源合理化布局的原则，造成极大的浪费。

从各地已经提出的“十五”计划基本思路看，其主要倾向是：计划内容依然无所不包；在速度上仍然是地区与地区之间相互攀比、相互竞争的态势，并且以此作为计划的出发点；结构调整的目标大体相同，特别是在高新技术的发展中，都把电子信息、机电一体化、生物技术及制药、新材料、新能源作为新的增长点；计划方法依然以算账为主。这种计划思想、计划方法不改，“十五”计划可能老问题没解决，又产生许多新的问题出来。依靠行政力量，到处搞同样的高新技术，到处搞硅谷，势必分散人力和物力，相互封锁，到头来可能谁都搞不成。

在社会主义市场经济条件下，地区的规划只能按照它自身的财力和中央转移支付的财力，安排本地区的基础设施和公共公益性事业的建设，解决当地人民关心的问题。同时，积极创造良好的环境，吸引更多的企业来进行投资。企业的生产建设活动，不必纳入计划。省区的规划，不宜再画地为牢，追求自成体系，应当注重区域间甚至国际的经济交流与合作，允许和鼓励资本流动。“全国一盘棋”仍然是一个重要思想，这几年丢掉了应当再拿起来。联系到经济全球化的趋势，更应当把规划的眼界放开，首先做到经济全国化，做到全国是一体化的大市场。

建议还就经济结构调整和产业结构调整、农业产业化经营、发展第三产业与加快城市化进程、西部大开发等问题提出了意见。

2006年3月，第十届全国人大四次会议表决通过《中华人民共和国国民经济和社会发展第十一个五年规划纲要》，在此之前，各地区都已确定“十一五”规划纲要并公布执行。我查看和统计了各省级和若干地县级的“十一五”规划纲要数据，发现地方与全国的规划差距很大，这引起了我的担忧。2006年3月27日，我写了一篇文章《从地区的“十一五”规划引出的思考》，报给国务院领导同志。下面是文章的节选，虽然文字较长，但我是花了心血的，全面地阐述了我对现行经济体制的观点。文章引起了国务院的重视，要求国家发改委研究并提出解决的办法。

全国各地区的“十一五”规划纲要，对经济发展的具体部署，有以下三个共同点：

1. 地区定的经济增长速度都高于全国，而且越往下速度越高。

“十一五”期间，全国国内生产总值（以下简称GDP）

预期年均增长速度为7.5%，2010年人均GDP比2000年翻一番，这已经在全国人民代表大会上通过。

“十一五”期间，31个省区市的GDP预期年均增长速度平均起来在10%以上，高于全国2.5个百分点，即高出1/3。这一规划已经在各省区市人民代表大会上通过。

全国31个省区市，下辖333个地区一级政府，其中283个为地级市。据部分调查，这些地级区（市）的“十一五”GDP平均年均增长速度大多高于其所在省区市1～3个百分点，按平均高出1个百分点计算，即为11%以上，高于全国3.5个百分点，高出近50%。这一规划大多已在各地级区（市）人民代表大会上通过。

全国333个地级区（市）下辖2862个县（市），每个县（市）都制定了“十一五”GDP增长速度，其数值多高于所在的地级区（市），按平均高出1个百分点计算，即为12%以上，高于全国4.5个百分点，高出60%。有的县（市）提出“十一五”期间实现“四个翻番”（人均GDP比2005年翻一番，地方财政收入比2005年翻一番，固定资产投资比“十五”时期翻两番，工业增加值比2005年翻两番）。这一规划大多已在各县级人民代表大会上通过。

这就反映出一个问题，全国不是只有一个GDP预期目标，而是各省、地市、县各有各自的追逐目标，并且越往下速度越高，又都是在同级人民代表大会上通过的，各自都要为之奋斗。“进一步加快发展”，到2010年人均GDP比2000年提前翻番，成为省、地市、县“十一五”规划的主旋律。

2. 许多地区的高增长预期，又是以高投入作为支撑的。

不少省区市的“十一五”规划的固定资产投资总额都成倍地高于“十五”计划，有的高出1.5倍、2倍，甚至更多。这些投资又多有重大项目和招商引资项目作为载体。“以经济建设为中心，以项目建设为载体”“坚持发展狠抓项目不动摇”，这一口号具有代表性。

3. 在产业结构的选择上，多数仍然强调工业，特别是重化工。工业强省、工业强市、工业强县成为共同追逐的目标。

这三个共同点发出了什么信号？

1. 地区的经济增长目标，就总体来说比全国不是高出一点，而是高出很多。就省一级来说，高出30%以上；就地市一级来说，高出近50%；就县一级来说，高出60%。

2. 实现地区经济增长目标的支撑条件和推动地区经济发展采取的方式，就总体来说，与全国规划的导向不是差异很小，而是差异很大。

3. 地区规划通过在先，全国规划通过在后。全国规划刚刚通过，地区规划早已公布并下达执行。

显然，这不是一个小问题，而是一个大问题。这个问题解决不好，党中央确定的科学发展、转变增长方式、建设节约型社会及和谐社会等重大指导方针将难以贯彻，全国“十一五”规划将难以顺利完成。“十五”计划的执行已经有过沉重的教训，对此应当引起警觉，并加以认真思考，不能视而不见，麻痹大意。

文章提出：

从地区的“十一五”规划引出的第一个思考：全国的

“十一五”规划已经在全国人民代表大会上高票通过，成为全国人民“十一五”期间共同的行为纲领，各地区制定的“十一五”规划就总体来说与全国规划差距那么大，两者能否“并行不悖”？如果不能，地区规划是应当服从全国规划，还是全国规划服从地区规划？

全国“十一五”规划的GDP年均增长目标定为7.5%，比“十五”时期实现的9.5%低2个百分点，这是国务院从全国的大局出发，综合考虑各方面因素，根据需要和可能提出的。通过这一综合指标，表达了“十一五”期间国家的意向，得到了全国人民代表大会的批准，并公之于世。但是，不能认为全国规划的执行就高枕无忧了，如果全国各地区的规划不与全国规划保持一致，各地执行的不是全国规划而是各自的地区规划，那全国规划就必然被架空，束之高阁。

“十五”期间粗放经营，重投入、重数量、轻质量、轻效益，尽管GDP增长速度超过了全国预期7%的目标，达到9.5%，实现了地区的预期增长目标，但造成大量的资源消耗和严重的环境污染，部分行业生产能力过剩，居民消费率下降，对外依存度过高，居民收入差距扩大，社会事业发展滞后。“十一五”规划必须调整推动发展的思路，转变推动发展的方式，按全国规划纲要要求：

1. 立足扩大国内需求推动发展，促使经济增长由主要依靠投资和出口拉动，向消费与投资、内需与外需协调拉动转变。

2. 立足优化产业结构推动发展，促使经济增长由主要依靠工业带动和数量扩张带动，向三次产业协调带动和结构优化升级带动转变。

3. 立足节约资源、保护环境推动发展，促使经济增长由主要依靠增加资源投入带动，向主要依靠提高资源利用效率带动转变。

4. 立足增强自主创新能力推动发展，促使经济增长由主要依靠资金和物质要素投入带动，向主要依靠科技进步和人力资本带动转变。

5. 立足深化改革开放推动发展，促使经济增长由某些领域相当程度上依靠行政干预推动，向更大程度发挥市场配置资源基础性作用转变。

6. 立足以人为本推动发展，促使经济增长由偏重于增加物质财富，向更加注重促使人的全面发展和经济社会的协调发展转变。

这“六个立足”“六个转变”是增长方式转变的六个内涵，体现了国家的政策导向。要实现这种转变，增长速度就必须从“十五”期间的过高速度降下来。全国“十一五”GDP增长规划符合这种转变的要求，不少地区的“十一五”增长规划看不出这种转变。把7.5%的GDP预期目标作为全国的目标，“十一五”期间就有希望实现在这种转变道路上前进一大步。如果全国目标让位于地区目标，这种转变就必然成了空谈。

有一个观念必须改变——地区计划增长指标定得高些，可以保证全国计划的超额完成。事实可能完全相反。许多地区计划增长指标定得高，投入也高，消耗也大，重复建设也多，其结果可能不是保证而是打乱全国计划的完成，使许多应当完成的指标完不成。这方面的教训太多了。不能认为在GDP增长速度上超额完成计划就是好事情，要看你在什么情况下依靠什么手段超额。

有些地区提出“十五”时期已经走上了快车道，“十一五”时期要“更快更好”地发展，这未必能如愿以偿。“十五”时期已经过快了，国民经济中出现了很多问题；“十一五”时期要更快，那就做不到更好。要做到更好，那就不能更快。“十一五”规划中，都写上了落实科学发展观，强调转变增长方式，节约资源，遏制环境的恶化，只有不再追求过高的速度，才能很好地实现这些要求。速度要求一高，大家又一个心眼抓速度去了，这些要求都将落空。在速度的问题上，现在听到加快速度的声音很大，适当放慢速度的声音很小。这不是个好现象。只能说加快，不能说放慢，好像说了适当放慢就是右倾保守主义。这种氛围不好。一个劲地讲加快，并且不动摇，会造成人们心里不踏实，对前景失去信心。

在最近举行的全国人民代表大会上，一位在县一级政府就职的全国人大代表说，各级政府应当履行好自己的职责。政府的职责是优化经济发展环境，提供好各项公共服务，不应当再直接出面招商引资、争项目、搞建设。人的精力和财力都是有限的，一级政府的精力和财力也是有限的。如果把主要的精力和财力还是放到追逐GDP的增长上，那其他工作必定会放松。国家预期性的指标若是在一些地方实际执行过程中走了形，那么人口、资源、环境、公共服务、人民生活等约束性指标怕是难以真正具有约束性。这是新华社记者写的一篇报道，题目是《莫让预期指标“预期落空”》，实属经验之谈。

文章提出：

从地区的“十一五”规划引出的第二个思考：GDP作为国家宏观调控的主要依据之一，全国应当只有一个核算体系，还是每个省、每个地市、每个县都有自己的目标，都自己进行核算？这种规划体制有什么害处，应当不应当改一改？

GDP，代表一个国家所有常住单位和个人在一定时期内全部生产活动（包括产品和劳务）的最终成果，亦即一个国家领土范围内本国居民和外国居民在一定时期内所生产和提供最终使用的产品和劳务的价值总和。

GDP，是一个事后的统计指标，即对一国经济运行表现作出的整体性衡量，是联合国国民经济核算体系中最重要的总量指标，为世界各国广泛使用并作为国际指标比较。

GDP，同通货膨胀率、失业率和国际收支平衡状况相联系，作为一个国家的中央政府判断经济是景气还是不景气，是萎缩还是过热，是需要刺激还是需要控制的重要依据。只有一个国家的中央政府才能从全国的整体情况作出这种判断，地方政府则不可能作出这种判断。一个国家，只有中央政府有对GDP进行宏观调控的手段和能力，地方政府没有这种手段和能力。

经济发达的市场经济国家，由中央政府作出GDP预测。美国政府每年初发表总统经济报告，报告由美国总统经济顾问委员会撰写，反映美国政府对上年度宏观经济运行状况、公共政策和货币政策实施效果的评价，对本年度经济增长率、失业率和通胀率作出预测，并提出相应的政策。美国一般由联邦储备银行按照通胀率和失业率对GDP进行宏观调控。美国各州不作GDP预期，因为州没有调控手段。

联邦德国有《经济稳定增长促进法》，明确规定联邦政府每年1月向联邦议院和参议院提交年度经济报告。其内容包括：①对于专家委员会的年度意见书提出意见；②说明联邦政府在本年度内争取达到的经济和财政目标（年度计划），年度计划采用对国民经济进行全面核算的方法和形式，也可附以供选择用的核算方案；③对本年度计划中的经济政策和财政政策加以说明。联邦各州没有这种年度计划，不设经济增长指标。

在我国，除全国制定统一的国民经济和社会发展计划之外，各地区都制定本地区的国民经济和社会发展计划，其追求的经济增长目标差异很大，这就出现了以下的问题：

1. 社会主义市场经济的根本原则，是让市场在资源配置中起基础性作用。各级地方政府以行政区为界，制定本地区全面的增长计划，并规定了一系列的相关指标作为保证，这就强化了地方政府的直接配置资源和干预企业决策的作用，既使市场的作用难以发挥，也使国家的宏观调控作用难以发挥。

2. 中央政府很难按照全国的经济增长预期目标进行宏观调控，因为省、地市、县维护的不是全国的目标，而是自己地区的目标。这种目标又都是硬性的，层层下达 ，责任到人，限期完成，年终考核。地方政府是全国计划的执行者，地方政府的经济增长目标不让位于全国目标，全国目标必然让位于地方目标，使全国目标落空。

3. 省、地市、县制定的计划目标，是完全从自己地区的情况和利益考虑的，它不可能顾及其他地区；他们是以政府的任期作为制定计划的出发点，因此往往追求短期行为，而缺乏长期考虑。把31个省区市、333个地级区（市）、2862个县（市）的计划加在一起，那就不知道有多少重复建设、有多少经济的不合理性和盲目性。地区之间相互攀比GDP，在地区竞争中谁都不甘落后。这种非经济的因素，更加剧了这种重复建设和经济的不合理性以及盲目性。块块分割、画地为牢、各自为战的体制，阻碍经济的区域联合，阻碍国家的经济一体化，不符合现代经济的发展潮流，不符合体制改革的方向。

文章提出：

从地区“十一五”规划引出的第三个思考：在实际工作中，以GDP作为政府官员政绩的主要考核标准，是造成政府追逐GDP和因此而发生的一切误导的重要根源。这种考核标准适应计划经济和粗放型增长方式，而不适应市场经济和集约型增长方式，这也成为政府行政职能转变滞后的一个重要原因。

市场经济与计划经济有一个根本不同点是，计划经济以政府为主导，按计划生产，以生产总值作为追逐的主要目标；而市场经济则以企业为主体，以市场为导向，以效益作为追逐的主要目标。这也是粗放型增长方式和集约型增长方式的分水岭。改革开放以来，生产企业已逐步转向以效益为中心，它们不再重视生产总值，转向重视销售总值、销售收入和企业利润，以利润作为主要考核指标。政府的转变则远远落后于企业的转变。一些地区为了追求本地区的经济快速增长和财政收入的增加，仍然强调GDP的作用，不仅规定硬性的GDP增长目标，而且规定建设项目，以项目配置资源，引导和指挥企业实现政府的意图。GDP作为干部考核标准，已成为一种共同的准则。落实科学发展观，深入进行经济体制的改革和转变增长方式，必须切实改变在实际工作中这种以生产总值作为政府官员政绩考核标准的做法。其理由是：

1. GDP不能反映经济增长的方式。它的取得，可以是粗放型的增长，也可以是集约型的增长。“十五”期间，地区之间按同一增长比例计算的投资产出系数大不相同，能源消费弹性系数也大不相同，说明增长方式有很大的不同。但这都不能从GDP增长率中看出来。

2. GDP不能反映经济增长的外部成本，即社会成本。例如，它的取得，可以来自保护生态和减少环境污染，也可以来自破坏生态和加剧环境污染。“十五”期间，有的地区生态和环境保护得好，治理得好，为人民造福；有些地区则生态破坏严重，大气污染、水污染、固体废弃物污染加剧，给社会和人民生活造成极大的危害，恢复生态和治理污染所花费的代价甚至会比创造的GDP要大。但这些都不能从GDP的增长率中看出来。

3. GDP不能反映经济增长的效率、效益和质量。它的取得，可以是高效益、高质量的产品和服务，也可以是低效益、低质量的产品和服务。高质量或低质量的产品都统计进GDP，但质量好的产品及时销售了出去，质量不好的产品因卖不出而进了仓库，积压了起来，有的要削价出卖，有的则要报废，这都无关GDP的统计。

4. GDP不能反映资源配置的方式和效率。它的取得，可以是市场配置资源，也可以是行政配置资源。市场配置资源，企业是主体，由企业根据市场需求安排生产和建设，其盈亏由企业自负，因此企业会精打细算，关心产品的命运。行政配置资源，主体是政府，由政府直接干预企业的生产和建设活动，但盈亏政府不负责任。政府直接指挥企业，同片面追逐GDP、片面追求政绩结合起来，这种指挥就具有极大的盲目性，极易造成产品与市场脱节，甚至会迫使基层和企业弄虚作假，人为地制造GDP，向GDP“注水”。这些都不能从GDP增长率中看出来。

5. GDP不能反映社会公正。它的取得，可以是合理分配的结果，也可以是不合理分配的结果。GDP核算并不能反映贫富差距扩大还是缩小。

从上面这些可以看出来，把GDP作为政绩的考核标准，那就会鼓励人们用主要的精力去追逐GDP的增长和财政收入的增加，而不顾采取什么样的增长方式，不顾生态和环境的保护，不顾增长效益、效率和质量，不顾资源的配置方式，不顾社会的公正；可以为了追逐短期利益而损害长远利益；可以是为民造福，也可以是给人民带来灾难。这都表明，把GDP作为政绩的考核标准，不能正确体现政府为人民谋福祉这一根本宗旨，甚至与这一宗旨相违背。

省及省以下各级政府不再设立GDP核算指标的同时，切实改变把GDP作为政绩考核标准的做法，现在已经是时候了。

第十一个五年规划执行结果，恰恰发生了前面所说的问题。为了再次引起中央的重视，在2009年7月20日，我给党中央、国务院写了一份报告，题目是《总结经验教训，加快转变增长方式，完善社会主义市场经济体制》。

下面是这一报告的摘要：

“十一五”规划，是一个调整发展思路、加快转变经济增长方式的规划，实行结果却事与愿违。

“十一五”规划纲要，明确规定了六个政策导向。其中前四项都是属于经济增长方式转变的重中之重，它体现了国家的意志。但是尽管做了这样的规定，执行情况却与此相反，经济增长依然是主要依靠投资和出口拉动，依然是主要依靠工业和数量扩张带动，依然是主要依靠增加资源投入和依靠资金和物质要素投入带动，投资与消费关系更加不协调，产能更加过剩，能源消费总量继续加大。

投资率：2000年是35.3%，2005年上升为42.7%，2008年上升为43.5%，2009年固定资产投资规模更大，投资率将继续上升。“十一五”期间，投资对经济增长的拉动作用有增无减。

消费率：2000年是62.3%，2005年降为51.8%，2008年降为48.6%，2009年预计还会进一步下降。其中居民消费率，2000年是46.4%，2005年降为37.7%，2008年降为35.3%。“十一五”期间，消费对经济增长的拉动作用有减无增。

进出口依存度：2000年是39.6%，2005年上升为63.8%，2007年进一步上升为64.8%。其中出口依存度，2000年是20.8%，2005年上升为34.4%，2007年进一步上升为36.3%。

“十一五”期间出口的拉动作用更加强劲。2008年和2009年进出口依存度有所下降，表明在国际形势变化的情况下，我们依靠出口拉动经济增长的模式已经走不下去了。

一、二、三产业结构，“十一五”规划期望第三产业增加值占GDP的比重提高3个百分点。实际情况是：2008年第一产业增加值占GDP的比重比2005年下降了近1个百分点；第二产业增加值占GDP的比重比2005年提高了近1个百分点；第三产业增加值占GDP的比重维持2005年的比重纹丝未动。这种情况，2009年也难以改变。

全国能源消费总量：2000年是14.7亿吨标准煤，2005年是26.1亿吨标准煤。“十一五”规划预期2010年把这一消耗总量控制在25亿吨左右，2007年发布的专项规划，把这一总量扩大为27亿吨，实际上2008年已达到32亿吨标准煤，防线一次次被突破。

这说明，“十一五”期间经济增长方式的转变并没有加快，而是进一步放慢。前三年经济的高速增长，是建立在主要依靠资金和物质要素投入、经济结构愈加不合理的基础上的。这样的“大起”之后，难免“大落”随之而来。2008年10月以后经济增长速度大幅下滑，除了国际的原因，也是传统的经济增长方式难以为继的必然结果。

加快转变增长方式的目标落空，根源在于政企不分、条块分割的体制，在于地方执行的不是国家的规划，而是以追求发展速度为主要目标、以扩大投资规模为主要手段并以行政干预为主导的地方自己制定的规划。

我们曾经论述过，各地区制定的“十一五”规划，就总体来说与全国规划差距那么大，两者能否“并行不悖”和“和平共处”？结论是否定的。第一，两者规划的政策导向不同，全国规划追求的是低投入、低消耗、低污染、高效益；许多地区的规划依然是高投入、高消耗，从而必然是低效益，两者是不相容的。第二，全国的规划要靠地区去执行，如果地区执行的不是全国的规划而是地区自己的规划，那全国规划必然被架空、被地方规划所取代。2006—2008年三年的事实，证明了这一判断的正确性。

地方规划大于全国规划的另一重大差别，在于全国规划制定的预期性指标，主要依靠市场主体的自主行为实现，发挥市场对资源配置的基础性作用，这符合社会主义市场经济的原则；而地方规划制定的预期性指标，是由政府主导实现的，即由政府下达，并且把主要指标完成好坏列入政府干部政绩考核指标，从而把预期性指标变成各级政府必须完成的指令性指标，这不符合社会主义市场经济的原则。“十一五”规划纲要提出的六个政策导向中的第五个——促使经济增长由某些领域相当程度上依靠行政干预推动向更大程度发挥市场配置资源基础性作用转变——也成为空中楼阁。

从这里可以发现，为什么中央屡屡强调转变增长方式而转变不了，根源在于中央的方针并没有普遍为地方干部所理解、所接受、所遵循，地方干部往往强调地方的特殊性和独立性，在实际行动上不执行国家的统一方针和政策。而在体制上，地方政府并没有把该由企业管的事交给企业，该由市场管的事交给市场，把自身的职能转到市场监管、社会管理、公共服务上来，对地方经济仍然是统率一切，处于主导的地位。全国不是统一的市场，计划体制仍然是以地方计划为主。

这就是问题的症结所在。

党的十七大制定了2020年全面建设小康社会的目标，并且提出实现这一发展目标，关键要在加快转变经济发展方式、完善社会主义市场经济体制方面取得重大进展。我们必须为此身体力行。

我们是一个统一的国家，全国是一个统一的市场。内需与外需、投资与消费、经济增长与资源环境承载能力的结构是否合理，这不是一个地区能够判断出来的，也不能要求地区对此作出判断。地方有各种各样的理由，要求多搞一些投资，多上一些工业项目，多消耗一些能源和资源，把经济增长速度搞快。至于这样做，在宏观上能否承受得了，会发生什么问题，那不是地方要考虑的问题，而是国家要考虑的问题。全局把握不好，出了问题很难责怪地方，要地方承担责任。

因此，要转变经济增长方式，调整经济结构，必须彻底改变地方政府的政企不分、条块分割的体制，把社会化大生产的计划权和管理权从地方政府手里拿出来，真正实现让市场对资源配置起基础性作用。既然我们实行的是社会主义市场经济，把配置资源的基础性作用交给了市场，地方政府就没有理由不这样做，也不应当支持地方政府不这样做。不从体制和机制上解决问题，不在转变地方政府职能上下功夫，国家再怎么强调宏观调控，宏观调控部门再付出多大的努力，中央的计划依然起不到应有的作用，宏观调控的作用依然有限。2007年国家计划的经济增长率为8%，实际达到14.2%，超过国家计划77.5%，这还有什么计划性？

现代化的大工业，现代化的服务业，以行政区为界，块块分割，画地为牢，这是极端落后、极端不合理的，弊病太多。再不考虑改变，还要等到什么时候？

认真总结经验，转变观念，是贯彻党的十七大所要求的加快转变发展方式，完善社会主义市场经济体制的前提，是把经济社会发展切实转入全面协调可持续的科学发展轨道的前提。不是中央作一个决定，问题就解决了。转变增长方式，从党的十二大讲到党的十七大；实行社会主义市场经济，从党的十四大讲到现在，并且已经写入宪法，但到现在依然是一个亟待解决的问题。这个教训还不值得总结吗？思想观念不转变，一切都无从谈起。而不认真地总结经验教训，思想观念也难以转变。改革的动力要从认真总结经验教训中产生。现在到了认真总结经验教训的时候了。

国务院领导把这一报告批示给国家发改委阅研。

2010年10月18日，党的十七届五中全会通过了《中共中央关于制定国民经济和社会发展第十二个五年规划的建议》。建议总结了“十一五”发展的成绩，也指出了我们必须清醒看到的问题，这就是：我国发展中的不平衡、不协调、不可持续问题依然突出。主要是，经济增长的资源环境约束强化，投资和消费关系失衡，收入分配差距较大，科技创新能力不强，产

业结构不合理，农业基础仍然薄弱，城乡区域发展不协调，制约科学发展体制机制障碍依然较多。因此，建议提出制定“十二五”规划的指导思想，是以科学发展为主题，以加快转变经济发展方式为主线。我查阅了地方制定的“十二五”规划纲要，并没有认真执行中央“十二五”规划的建议。我在2011年3月14日写了一篇题为《从地方的“十二五”规划看现行体制的缺陷》的文章，指出“不解决体制机制问题，就不能从根本上转变经济的发展方式”，报给党中央、国务院。

国务院领导批示：建议发改委要作深入研究，确保在规划实施中实现转变经济发展方式的要求。文章主要内容如下：

从国家和地方两级规划的比较中可以看出以下一些问题：

第一，全国规划，把GDP年均增长率7%作为预期性指标，即国家期望的发展目标。而省区市的规划，没有一个把GDP年均增长率7%作为自己的预期目标，低的定为8%，高的定为翻一番和争取翻一番，接近15%。

“十二五”规划与“十一五”规划有一个不同。鉴于各地提出的“十二五”期间经济增长速度普遍偏高，国务院要求各省区市在人大会议审议规划之前，先与中央有关部门沟通协调，与国家规划进行衔接，使地方规划与国家总体规划相一致。这一要求起到的作用，是不少省区把GDP增长的具体数字藏了起来，把指标表达为增长10%以上、11%以上或12%以上。这给计算全国各省区市GDP增长的平均数增加了难度。但是，我们还是可以从中算出一个大概的数字。

根据统计，全国31个省市区中，GDP年均增长率定为8%或8%以上的有4个，定为8.5%的有1个，定为9%或9%以上的有2个，定为10%或10%以上的有9个，定为11%或11%以上的有2个，定为12%或12%以上的有12个，定为13%的有1个。这其中有11个提出五年翻一番或力争翻一番的目标。从各地方表达的决心来看，想五年翻一番的可能不止这11个。按照这个情况，全国31个省区市的GDP年均增长率加权平均，大体在10.5%上下。

这样，全国GDP增长就出现了两个预期性指标：国家规划为7%，地方规划平均为10.5%，后者高出前者50%。“十二五”规划两者差距比“十一五”规划扩大了，全国面临的将是许多地方新一轮加快发展的形势。

第二，GDP增长速度的差距，代表了所采取的经济发展方式的差距。国家规划之所以把GDP的年均增长预期定为7%，是因为“十一五”规划的经济增长仍然是粗放的增长，能源和环境的瓶颈制约作用更加明显，“十二五”规划要加快转变发展方式，把工作重点放在提高经济增长的质量和效益上，并把发展的成果用在民生上，就必须把增长速度放慢，以体现科学发展的要求。而地方的规划，虽然都标榜以加快转变发展方式为主线，但多数重点依然放在速度上，把加快发展作为解决所有问题的关键，把省区市之间的赶超作为主要目标，提出在新一轮竞争中抢占先机，在新一轮竞相发展中脱颖而出，有的甚至提出不进则退，不惜背水一战。这样，转变发展方式必然降到从属的地位。

第三，追求过高速度，不是一个地区或者少数地区的个别现象，而是多数地区的普遍现象；也不是一个五年规划的个别现象，而是多个五年规划的普遍现象。这就必须从体制和机制上找原因。不解决体制和机制问题，也就不能从根本上转变经济的发展方式。

社会主义市场经济体制的本质要求是：政企分开，企业是独立的经济实体，也是市场的主体，政府不再干预企业的生产经营活动；全国是统一的市场，不再是按块块分割；市场对资源配置起基础性作用，除少数稀缺资源外，政府不再直接配置资源；为克服市场缺陷，必须加强宏观调控，宏观调控权在中央。

经过多年的改革，社会主义市场经济体制的建设取得了进展，但并没有到位。在中央层面上，政企不分、条块分割的局面有了很大改变，中央的直属企业大部分下放给了地方，中央工业专业部门基本上撤销。但在地方层面上，政企不分的局面依然严重存在，条块分割的局面基本上没有改变。这表现在：

第一，每年和每个五年，中央都制定统筹全局的国民经济和社会发展的年度计划和五年规划，从综合平衡出发，布局了全国的一盘棋。与此同时，每个地区都按自己的意愿，规定与国家规划内容相同，但增长速度高于全国规划预期目标的国民经济和社会发展的年度计划和五年规划，下自己的一盘棋。两个规划并存，表明了我们的体制仍然是块块分割的体制，我们的市场仍然是分割的市场而不是统一的市场。

第二，GDP指标在全国计划中是作为预期性指标出现的，国家明确规定预期性指标主要依靠市场主体的自主行为实现，政府的责任是创造良好的宏观环境、制度环境和市场环境，适时地调整宏观调控的方向和力度，综合运用各种政策引导社会资源配置。而在地方则不是如此。地方不仅规定包括一、二、三产业在内的GDP预期指标，而且规定包括预算内投资、国外投资、银行贷款和企业自筹投资在内的全社会的固定资产投资指标，规定全地区要打造多少个上千亿元产值的行业，打造多少个销售收入超千亿元的园区，并且把这些指标层层下达，甚至下达到一些企业，并规定党政干部招商引资任务，务求完成。这就使地方政府在很大程度上代替了市场主体的自主行为，成为经济活动的直接指挥者和资源配置的主要担当者。财税体制改革不到位，财力与事权不匹配，也促使地方政府扩大追求GDP高增长，进而追求地方财政收入高增长的行政权力。

第三，由于地方党政领导班子和领导干部的政绩考核评价机制把经济发展水平作为主要考核项目，其完成与否与政绩挂钩，与干部的奖惩和升降挂钩，这就使增长速度等预期性指标变成了强化政府责任的约束性指标。地方政府为了追求政绩，势必竞相攀比GDP，扩大建设规模，从而造成大量的盲目建设和过度开发，在全国形成严重的资源浪费和生态环境破坏。

这就说明，经济中出现的问题，主要责任不在地方，而在于现行的体制和机制。在现行的体制和机制下，许多事情地方不得不这样做。因此，单靠提高认识和觉悟，要求地方利益服从全局利益来转变发展方式，是远远不够的，必须从根本上解决体制和机制问题。

改革经济管理体制的重点，应当进一步打破地方层面政企不分、条块分割的弊端，转变地方政府的职能，改变两个规划并存的局面。同时，改变财税体制，使财力与事权相一致。

政府官员政绩考核办法，应当遵循社会主义市场经济体制，明确区分政府、企业、市场三者的职能。政府既不能越位，不能代替企业和市场，也不能放弃职守，放松市场监管、社会管理和公共服务。对政府官员政绩的考核，应当限于政府应当管的事；由企业、市场本身管的事，就不应当纳入政府官员政绩的考核范围。

这种转变，是经济体制改革的攻坚战，必须自上而下有条不紊地进行。

关于改革经济体制，从“九五”到“十二五”，我写了那么多的建议，都没有得到有效的解决，但我仍然坚持。在2011年6月24日，我给党中央写了一份综合性的内容详尽的建议，题目是《建议地方政府不再制定和实施无所不包的国民经济和社会发展计划，不再把GDP作为地方政府官员政绩考核指标》。建议的主要内容是：

经过多年的改革，社会主义市场经济体制的建设取得了进展，但改革并没有到位。

表现在计划体制上，中央政府制定了全国的国民经济和社会发展计划，地方政府还要制定无所不包的国民经济和社会发展计划，其追求目标与全国计划截然不同。而在计划的实施上，与全国计划存在严重的双重标准。在中央层面上，中央政府在计划指标确定后，除少数约束性指标外，所有预期性指标都不对省区市分解下达，主要依靠市场主体的自主行为来实现。但在地方层面上，地方政府在计划指标确定后，不仅约束性指标分解下达，主要的预期性指标（包括GDP增长率和全社会固定资产投资总额增长率）也仍然分解下达给下级政府，并考核其完成情况。地方政府这样做，在很大程度上，依然是政企不分，政府行为代替了市场主体的自主行为。特别是全社会固定资产投资额，包括预算内投资、外国投资、银行贷款和自筹投资四个方面。其中，预算内投资是政府说了算的，其他三项投资都是企业的自主行为，“谁投资、谁决策、谁受益、谁承担风险”。由政府全部指挥这些投资并负责落实，其实质是政府而不是市场在资源配置中起基础性作用。

根据上述情况，对中央和地方年度及五年计划的制定范围提出如下的建议：

中央制定全国的国民经济和社会发展计划，通过各种政策的制定和宏观调控实现国民经济的全面、协调和可持续发展。

地方根据自身的财力和中央转移支付的财力，制定地区的经济和社会发展计划，主要是安排本地区的基础设施和公共公益性事业的建设，解决当地人民关心的问题，有多少钱办多少事儿，并在地区的范围内做好市场监管、社会管理和公共服务工作。

全国的国民经济和社会发展计划，应当规定GDP的预期指标，而地方的经济和社会发展计划，则不宜规定GDP的预期指标。这是因为GDP代表一个国家在计划期内的经济发展总水平，并且同通货膨胀率、失业率和国际收支平衡状况的预期相衔接。只有中央政府才能作出这种预测，作出这种全局性的安排，地方政府则没有条件作出这种预测和全局性的安排。GDP增长的预期指标，国家不要求地方政府和企业必须完成，而是主要靠市场主体的自主行为实现，国家通过创造良好的宏观环境、制度环境和市场环境，运用宏观调控手段和各种政策，引导社会资源的配置。一个国家，只有中央政府有这种手段和能力，地方政府则没有这种手段和能力。在社会主义市场经济条件下，政企是分开的，全国市场是统一的，资源配置由市场起基础性作用，宏观调控权在中央，这就决定了地方政府既没有条件也没有必要，规定无所不包的GDP增长计划和全社会固定资产投资计划。严格来说，全社会GDP的增长、全社会固定资产投资的增长，属于全局性的事物，不属于地区性的事物，自然应当从地方的计划中展现出来。

“国家实行社会主义市场经济”，已经写入了《中华人民共和国宪法》，《中华人民共和国宪法》是国家的根本大法，是国家最大的法律法规。中央政府应当执行，地方政府同样应当执行，绝不能搞双重标准。中央政府有责任维护国家法制统一、政令统一和市场统一。地方政府要确保中央方针政策和国家法律法规的有效实施。从当前的实际情况出发，为了有效地执行《中华人民共和国宪法》规定，有必要在全党开展一次社会主义市场经济体制的宣传教育活动，统一全党特别是党内高级干部的思想，弄清楚什么是社会主义市场经济，它同计划经济有什么根本不同；社会主义市场经济体制的本质要求是什么，什么是政府该管的事，什么是政府不该管的事；从中央到地方，做几件什么样的实实在在的改革，才能实现建成社会主义市场经济体制的目标。

6月29日，国务院领导同志批示：请发改委研究并提出意见。

根据党的十八大关于全面深化改革的战略部署，2013年11月，中共十八届三中全会作出了《中共中央关于全面深化改革若干重大问题的决定》，决定指出：“经济体制改革是全面深化改革的重点，核心问题是处理好政府和市场的关系，使市场在资源配置中起决定性作用和更好发挥政府作用。市场决定资源配置是市场经济的一般规律，健全社会主义市场经济体制必须遵循这条规律，着力解决市场体系不完善、政府干预过多和监管不到位问题。”“必须积极稳妥从广度和深度上推进市场化改革，大幅度减少政府对资源的直接配置，推动资源配置依据市场规则、市场价格、市场竞争实现效益最大化和效率最优化。政府的职责和作用主要是保持宏观经济稳定，加强和优化公共服务，保障公平竞争，加强市场监管，维护市场秩序，推动可持续发展，促进共同富裕，弥补市场失灵。”

关于健全宏观调控体系，决定指出：“宏观调控的主要任务是保持经济总量平衡，促进重大经济结构协调和生产力布局优化，减少经济周期波动影响，防范区域性、系统性风险，稳定市场预期，实现经济持续健康发展。健全以国家发展战略和

规划为导向，以财政政策和货币政策为主要手段的宏观调控体系。”“加快中央政府宏观调控职责和能力，加强地方政府公共服务、市场监管、社会管理、环境保护等职责。”

中共十八届三中全会作出的上述决定，以及随后制定的全面依法治国、全面从严治党、全面建成小康社会的决定，为新时代开拓中国特色社会主义事业以更广阔的前景。

从市场对资源配置起“基础性作用”到市场对资源配置起“决定性作用”，这个变化意义十分重大。这就表明，政府可以引导资源配置，但起决定性作用的是市场。

政府的作用，可以概括为宏观调控、市场监管、社会管理、公共服务、环境保护。宏观调控权在中央，地方政府主要是加强市场监管、公共服务、社会管理和环境保护。地方政府因为没有宏观调控权，所以没有条件也没有必要制定和实施无所不包的国民经济和社会发展计划。如果坚持制定和实施，那只有用行政手段，沿袭计划经济时期采用的指标分解、层层下达、限期完成、年终考核、完成好坏与干部奖惩升降挂钩的传统做法，而这又与市场经济体制不符。

我坚信，只要认真地、不折不扣地贯彻执行上述党中央关于经济体制改革的决定，我多年的改革中央与地方两个计划并存并以地方计划为主的计划体制的期盼，一定能够得以实现。

四　节能减排，保护环境

节能减排、保护环境，在我写的有关转变增长方式和改革经济体制的文章中，都已经涉及了。这里专辟一节加以回顾，是因为我非常关心这个问题，并为此做过很大的努力。节能减排、保护环境，关系到人与自然的和谐。人类活动破坏自然，必然受到自然的惩罚。这是不可违反的规律，而我们在很长时期内，恰恰违反了这条规律。

从“十五”计划（2001—2005年）执行情况说起。“十五”期间的两大问题——能源消耗及环境污染——都没有控制住，以致能源和环境问题成为经济发展面临的两大瓶颈。

2005年10月11日，党的十六届五中全会通过的《中共中央关于制定国民经济和社会发展第十一个五年规划的建议》指出：我国土地、淡水、能源、矿产资源和环境状况对经济发展已构成严重制约。要把节约资源作为基本国策，发展循环经济，保护生态环境，加快建设资源节约型、环境友好型社会，促进经济发展与人口、资源、环境相协调。坚持节约发展、清洁发展、安全发展、可持续发展。

根据党中央的决议，2006年3月14日全国人大通过的《中华人民共和国国民经济和社会发展第十一个五年规划纲要》，把单位GDP能源消耗5年降低20%、主要污染物排放总量5年减少10%作为约束性指标。对此，我很满意。原来的规划草案中，主要污染物排放总量只减少5%，其中化学需氧量削减5%，二氧化硫排放总量零增长，等于维持现状。我认为太低，应当提高，向国务院领导提了意见，被采纳了。

2006年是执行“十一五”规划纲要的第一年，节能和环保指标没有完成原定目标。单位GDP能耗计划降低4%，实际降低1.2%；二氧化硫排放总量计划降低2%，实际上升1.7%。

2006年12月25日我写了一篇题为《实现“十一五”节能和环保指标完全可能，必须寸步不让》的文章，报给国务院领导。

文章首先叙述“十一五”规划提出的必须加快经济增长方式的转变，节能和环保指标的规定，都具有极为重要的意义。

“十一五”规划纲要要求：发展必须是科学发展，要坚持以人为本，转变发展观念，创新发展模式，提高发展质量，落实“五个统筹”，把经济社会发展切实转到全面协调可持续发展的轨道上来。同时规定，必须加快转变经济增长方式，加快建设资源节约型、环境友好型社会，促进经济发展与人口、资源、环境相协调。

“十一五”规划纲要把规划指标分为预期性和约束性两类，把单位GDP能源消耗5年降低20%，主要污染物排放总量5年减少10%，作为政府必须确保实现的约束性指标；把GDP年均增长速度从“十五”实际的9.5%降为7.5%，作为主要依靠市场主体的自主行为努力争取实现的预期性指标。摆正了经济增长与资源环境之间的关系，是上述指导思想的具体落实，是加快转变经济增长方式、加快建设资源节约型和环境友好型社会这两个“加快”的具体落实。

“十一五”规划确定的节能和环保指标对转变经济增长方式的重要意义在于：

第一，长期以来，我们走的是高增长、高消耗、高污染、低效益的粗放型增长方式的老路，喊了多少年都没有显著改变，一个阶段好了一些，另一个阶段又变本加厉。“十一五”期间必须悬崖勒马，改弦更张，不再停留于一般口号上，而是明确规定节能降耗和污染减排的硬性指标，强制性地把单位产值能源消耗和污染物排放总量降低和减少下来。在这个基础上，求得经济的适度增长，并促进经济结构的合理调整，促进经济增长质量和效益的明显提高。以实际行动促使经济增长方式从高消耗、高污染转为低消耗、低污染，高增长转为适度较快增长，低效益转为高效益。如果不对节能和环保作出硬性规定，依然是软约束而不是硬约束，任其信马由缰，仍然以牺牲资源和环境为代价追求GDP的高增长，那转变增长方式不是还要空喊下去吗！

第二，把实现节能降耗和污染减排指标作为各级政府必须确保实现的约束性指标，不是可以实现也可以不实现，而是必须确保实现。政府必须对此承担责任，这将促使各级政府真正把节能和环保放在优先地位，采取严厉的切实行动，而不再是敷衍塞责。

第三，不论哪个地区，都必须把全国分配下达的节能降耗和污染减排指标纳入本地区的“十一五”规划和年度计划，采取有效的措施确保实现，而不再是自搞一套，把国家规划架空。这样，地方原定的“十一五”规划和年度计划，凡是影响和妨碍这两个约束性指标实现的安排，都应当进行修改和调整。如果原定的规划和计划不变，特别是预期的增长指标和原定的投资部署不变，产业结构不进行大的调整，只是简单地把节能降耗和污染减排的数字加上去，那节能降耗和污染减排指标肯定无法实现。通过约束性指标，使地区计划在整体上与全国计划的目标相一致，这就是约束性指标对经济增长的约束作用，也是对各级政府的约束作用。

第四，通过这两个约束性指标的实施，造成一种声势，促使人们发展观念的猛醒，并形成群众性的监督。追求经济增长有一个较快的速度，为人民多谋一些福利，想法是好的，但是这种增长必须是可持续的，它必须为人民造福，而不能为人民造祸，为子孙造祸。企业为了追求利润，地方为了追求财政收入，任凭污水排入江河，有害气体弥漫天空，这是在害人。过去司空见惯、知错不改的事情，现在必须断然地与之划清界限。人们思想观念转变了，就能更自觉、更主动地去转变增长方式，落实"十一五"规划的要求。

文章接着叙述完成节能减排指标非不能也，是不为也。关键是采取有效的技术措施和调整产业结构。

应当承认，"十一五"规划对节能和环保要求很高，实现有难度，但绝不是高不可攀。

举一个例子可以说明问题。目前全国发电用煤占全国煤炭消费总量的一半和一次能源消费总量的36%，火电厂排放的二氧化硫占全国二氧化硫排放总量的60%。采取以下两项措施，就可以节省近亿吨标准煤，减少二氧化硫排放量800万吨，相当于2005年全国二氧化硫排放总量的30%。

第一项措施，用煤耗低的高效发电机组取代煤耗高的中小型发电机组。现在全国中小型火电机组总容量约为1.6亿千瓦，每千瓦·时供电标准煤耗为380～500克，有的更高。

其中很大一部分是近几年违规建设的。而单机容量30万、60万、100万千瓦的高效发电机组，每千瓦·时煤耗仅为330～275克。如果在几年时间内，全部中小型机组为高效发电机组取代，按每千瓦·时节约100克标准煤计算，一年就可以少用近1亿吨标准煤，相当于减少1.3亿吨原煤的采掘、运输、燃烧和排放，可以减排二氧化硫200万吨。

第二项措施，大型火电机组都必须安装脱硫设施，而且保证全部使用。据统计，2006年上半年，全国新增投产的火电机组容量为3200多万千瓦，同步建设并运行脱硫设施的只有一半；2005年投产的火电机组为5500万千瓦，安装脱硫设备的只有40%；目前全国火电厂安装有脱硫设施的只占30%，而已投产的脱硫设施并没有全部投入使用。在建设火电机组时不同时建设脱硫设施，是违反国家关于“三同时”的规定的；不保证脱硫设施正常运转，也是违反《中华人民共和国环境保护法》的。用几年时间，强制性地使所有发电机组都按安装脱硫设施，并且全年运转，一年至少可以减少600万吨二氧化硫排放量。

可见，不是能耗和污染降不下来，而是下不下决心去淘汰那些耗能高、污染大的落后设备和工艺，并下大力气采用先进技术。难就难在这里。非不能也，是不为也，为与不为是关键。

文章最后叙述了2006年节能和环保指标没有完成原定目标，有一定的客观原因，2007年不能再次落空，对此必须寸步不让。

由于全国的“十一五”规划和2006年计划是在2006年3

月全国人民代表大会上通过的，各省区市乃至地市、县的五年规划和当年计划在此之前已经在本级人民代表大会上通过并开始执行，其制定和实施与全国五年规划和年度计划要求存在差距是很自然的。其中包括：

1. 地区GDP增长速度都高于全国，平均为10%以上；地市级和县级计划的增长速度更高。仍然把追求GDP增长放在首位，而没有足够地考虑节能降耗和污染减排的要求。

2. 产业结构调整缺乏有力措施，偏重于第二产业尤其是重化工业的增长，对高耗能、高污染的产能扩张迁就忍让，该治理的没有下决心治理，该淘汰的没有下决心淘汰，该停建的没有坚决停建，甚至继续发展了一些高耗能、高污染的企业；对第三产业的增长仍然不够重视。

3. 节能降耗和污染减排指标不完全符合全国的要求，而且责任不明确，没有成为硬约束。2006年8月和9月才把全国污染减排和节能降耗指标分解下达到各省区市。此后，各省区市才依次把指标分解到各地市和县以及有关行业和重点企业，分解到基层和重点排污单位，把这两个约束性指标逐步同地方和企业的发展目标具体挂钩。

由于解决思想认识问题和采取具体措施要有一个过程，2006年节能和环保指标落空，已在所难免。对此，应当采取实事求是的态度，不能过分理想化。

但是，必须指出，对于2006年GDP增长10.5%，不能不加分析地报之以赞美之声。2006年GDP的增长速度超过国家计划2.5个百分点，是以能源消费总量为11%的高速增长、主要污染物排放总量不减反增为代价，得失相抵，未必是得大于失。对此，应当认真检查，找出原因，给予警示。同时，必须认识到，五年的节能降耗和污染减排指标不但每年要进行检查，而且到2010年要进行总检查，前一年欠的账，要在后四年补上去，前两年欠的账要在后三年补上去，是侥幸不得的。

现在，各地区正在根据中央经济工作会议精神，制定本地区的2007年经济和社会发展计划。除个别省区市外，各地人民代表大会都将在1月或2月通过本地区的2007年计划，而全国计划要在3月中旬才能经全国人民代表大会通过。接受2006年的经验教训，各地在制定和审议地区的2007年计划中，以下几件事情有必要加以注意：

第一，制定经济增长和结构调整计划时，应当首先分析本地区的能源和环境状况，严格按照国家下达的节能降耗和污染减排指标，制定出确保完成的具体措施，然后再定与之相适应的GDP增长指标、固定资产投资和结构调整方案。

第二，必须加大节能降耗和污染减排的工作力度。对高耗能、高污染的企业必须采取有力的措施，发挥市场的作用，加强政府监管，该治理的治理，该关闭的关闭，该停建的停建。工作力求到位，不能优柔寡断，听任放纵。

第三，各地区人民代表大会在审查和批准本地区的2007年计划时，应当重点审查是否能够完成降耗减排指标，凡是不执行国务院的规定，不能确保完成节能降耗和污染减排指标的计划草案，都应当经过修改后才能通过。

2007年是实施“十一五”规划关键时期的一年，节能降耗和污染减排指标已经层层下达，有关部门已经制定了一系列的具体措施，应当贯彻落实，确保实现，不能再使之落空，而且绝对不允许弄虚作假行为的发生。

我很重视能源消费总量，觉得单纯控制单位能源消耗是不够的。2007年9月24日，我给国务院领导同志写了一份报告，题目是《怎样看待能源的总供给与总需求平衡》。报告指出：

经济的快速增长，是以大量地消耗能源、严重的环境污染作为代价的。当前的能源总供给与总需求大体平衡，是建立在对未来能源严重透支的基础之上的。总体来说，它是不平衡的，总需求远远超过了总供给。《能源发展“十一五”规划》规定，2010年全国能源消费总量控制在27亿吨标准煤，比2005年的22.5亿吨增加4.5亿吨，实际上头两年就增加了4亿多吨，还剩下不到5000万吨留给后3年，基本上把后3年新增能源产量透支光了。原设想的2020年30亿吨的控制目标，极有可能在2010年提前到达。这就是说，我们将透支原来设想的未来10年的能源新增产量，能源消费总量不是20年翻一番，而是10年翻一番。

国务院领导把我的这个报告批给国家发改委参考研究，但没有得到国家发改委的重视。2008年1月16日，我又写了一份题为《控制能源消费总量的力度应当加大》的报告，报送国务院领导。主要内容是：

“十一五”规划，把5年降低单位GDP能源消耗20%作为约束性指标，这对控制能源消费总量的增长有重要的作用。但是，几年来的实践证明，单靠这一指标还不能控制住能源消费总量，因为它还取决于GDP的增长速度。

我国的中长期规划，对能源消费总量都定有控制目标。2004年10月，国家发改委制定的《节能中长期专项规划》，就分析了我国经济发展面临能源约束矛盾和能源使用带来的环境污染问题。根据需要与可能，国家发改委制定2010年能源消费总量的控制目标为24亿吨标准煤，2020年能源消费总量的控制目标为30亿吨标准煤。

由于其后经济的高速增长，能源消费总量也随之不断攀升。到2005年，全国的能源消费总量达到22.5亿吨标准煤，离2010年的控制目标24亿吨只差1.5亿吨。从这一情况出发，2007年国家发改委制定《能源发展“十一五”规划》，把2010年能源消费总量控制目标调高为27亿吨标准煤，年均增长3.7%。

2007年全国能源消费总量已接近27亿吨标准煤，基本上2年用完了原定的5年能源控制指标，2008—2010年这3年的日子怎么过，是一个非常现实、不可回避的问题。

每年用9%～10%的能源消费总量增长速度，实现10%以上的GDP增长速度，这种情况已经持续不下去了。今后3年把每年能源消费总量的增长速度控制在4%以内，这个要求并不苛刻。这既是为了今天，也是为了明天。按照能源和环境允许的条件，制定年度和中长期的发展计划，才能称得上是清醒的、有远见的和切实可行的。这对每一个地区都是一个考验。

国务院领导又把这个报告批给国家发改委，请他们组织

研究一下这个问题。但是，仍然没有得到国家发改委的重视。2010年8月4日，我正式给国务院写了报告，建议将能源消费总量作为约束性指标，列入“十二五”规划。报告中说：

“十一五”规划将单位GDP能耗5年降低20%作为约束性指标，对节约能源起到很好的作用，增强了大家的节能意识。但是，实践证明，只控制单位GDP能耗，而不控制能源消费总量，难以约束地方的超高速追求和重化工业的扩张冲动，难以从根本上扭转敞开口消耗能源的状态。

2004年，国家发改委制定并经国务院批准的《节能中长期专项规划》，规定2010年能源消费总量控制在24亿吨标准煤以内，2020年控制在30亿吨标准煤以内。2007年国家发改委制定的《能源发展“十一五”规划》，规定2010年能源消费总量控制在27亿吨标准煤以内。由于地方的超高速增长远远超过国家的预期目标，尽管单位GDP能耗有所降低，但能源消费总量则大大突破国家的控制目标，2010年预计将达到36亿吨标准煤左右，比2000年的14.5亿吨增加1.4倍，10年翻了一番还多，超出2004年规定的国家控制目标12亿吨，超出2007年规定的国家控制目标9亿吨。如果我们对此还不能有所觉悟，依然在能源消费总量上敞开口，那么“十二五”规划制定得再好，口号提得再响亮，仍然将停留在纸面上。

国家发改委对这一建议犹豫不决，最后国务院认为应当控制一下能源消费总量，但不作为约束性指标。据此，在“十二五”规划纲要中，写上了一句“合理控制能源消费总量”。

2012年11月党的十八大报告中，明确提出了“控制能源消费总量”。之后，国家发改委把控制能源消费总量与控制单位GDP能源消耗强度一并列为“双控”评价考核制度。我为之高兴。

由于2010年前几个月节能减排任务完成得较差，2010年5月4日，国务院发出《国务院关于进一步加大工作力度确保实现“十一五”节能减排目标的通知》。通知指出：当前，节能减排形势十分严峻，特别是2009年第三季度以来，高耗能、高排放行业快速增长，一些淘汰的落后产能死灰复燃，能源需求大幅增加，能耗强度、二氧化硫排放量下降速度放缓，甚至由降转升。各地区、各部门要充分认识加强节能减排工作的重要性和紧迫性，切实增强使命感和责任感，下更大决心，花更大气力，果断采取强有力、见效快的政策措施，打好节能减排攻坚战，确保实现“十一五”规划的节能减排目标。通知要求，各地区要按照节能减排目标责任制的要求，一级抓一级，层层抓落实，组织开展本地区节能减排目标责任评价考核工作，对未完成目标的地区进行责任追究。到“十一五”末，要对节能减排目标完成情况算总账，实行严格的问责制，对未完成任务的地区，要追究主要领导责任，根据情节给予相应处分。

为了避免完不成任务被追责，许多地区采取了拉闸限电的不正常措施。据2010年9月9日《国际金融报》报道：进入9月，我国的“十一五”规划进入尾声，同时“十一五”规划的节能减排目标考核进入了倒计时阶段。为完成节能降耗的考核指标，江苏、浙江、山西、河北等地纷纷拉闸限电。报道说：今年8月，浙江省政府发出通知，明确要求全省各市政府要在今年第三季度结束时完成各自年度目标，以保证浙江省全省前三季度单位GDP能耗同比下降3.2%以上。通知称，对高耗能行业用能增长控制不力的地区，要采取区域限电措施。江苏省提出，完不成节能减排任务的地方，在评优树先、提拔重用、年终考核奖励等方面都将被一票否决。

国家发改委发现了问题，于9月7日下发通知，指出这种停限居民和公共服务单位用电以及对生产企业实行轮流停电的做法，影响了人民群众的正常生活，在社会上产生了不良影响，必须立即予以纠正。9月15日，国家发改委再次下发紧急通知，要求各地区不能简单拉闸限电，更不能停限居民生活用电、采暖和公共设施用电。然而，国家发改委的这两个通知根本没有发挥作用。

2010年11月6日，《新华每日电讯》报道，“前所未有‘柴油荒’席卷，疑因突击式限电”。报道说：在中国民营经济发端之地温州，部分地区企业每天开工一天，就要停电2～4天。中国小商品市场所在地浙江义乌，从8月26日开始，全市分片区实行工业用电供两天限一天的政策。企业在不得已的情况下，只得买柴油机发电，使用电成本上升。报道说，许多地区柴油已供不应求，中国南部已有2000多家民营企业加油站因缺油而停业。另据报道说，陆路运输车辆加不到柴油的情况还没有得到缓解，这场柴油荒也已波及了水路运输。

2010年10月，我在浙江听到几个企业负责人对我说，拉闸限电对他们威胁很大，企业停产，完不成订单任务，明年订单就没有了。为了维持生产，只得购置小型柴油发电机发电，使得环境污染严重。回来后，我了解几个省都采取了这种行为。11月15日晚我看了中央电视台的《焦点访谈》节目，又向电视台要来文字说明，11月20日我给国务院领导同志写了一份报告——《建议国务院迅速制止一些地方政府为完成节能指标对企业和居民采取拉闸限电的错误行为》。报告说：

一些地方政府为了完成5年节能任务，正在突击拉闸限电，严重损害了企业和居民的利益，影响了社会正常秩序。

11月15日晚，中央电视台《焦点访谈》节目的记者，披露了其在安徽省全椒县拍到的几个停电瞬间，令人触目惊心。

录像显示，10月29日、30日两天整条线的拉闸，使黑夜里的居民艰难地照顾生病的孩子，敬老院里的老人摸黑下地，工作人员打着手电做早餐。停电困扰医院、大大小小的商店和宾馆的工作人员。晚上11点之后，街上路灯、红绿灯全部熄灭，县城漆黑一片，交通陷于混乱状态。

记者问全椒县代理县长："国家发改委、工信部于今年9月和10月已发出通知，不能靠拉闸限电完成节能任务，更不能停限居民的生活用电，为什么你们还这样做？"代理县长回答："上级的要求是完全正确的，但实现目标也是上级的要求，作为地方政府，我们都要贯彻落实。"记者问："难道完成节能任务必须牺牲老百姓的利益吗？"代理县长回答："节能减排是为了全社会的利益，短期内局部利益受损，有时候也是难以两全。”从这一问一答中，看出了县级政府的无奈和县级政府领导群众观点的淡薄。

全椒县节能办主任告诉记者：“目前采取的拉闸限电措施将继续实行下去，你们走了，我们马上要把晚上停电的时间提前。”

不知道国务院领导同志看过这个录像没有？如果没有，我建议从电视台调来看看。

现在拉闸限电的不只是全椒一地，在河北、山西、河南、浙江、安徽、湖北等地的地市、县两级多处发生，媒体不断地进行报道和批评。

我认为完不成节能指标要问责，用蛮横的办法强行拉闸限电完成节能指标的行为，更应当问责。前者，没有兑现政府的承诺，有失政府的信誉，但只要老老实实地承认没有完成，并向人民作出诚实的检讨，还可以取得人民的谅解，人们会认为这个政府还是诚实的。后者，为了减轻自己的责任，完全不顾企业和居民的利益，依靠手中的权力，采取非正常的手段完成节能指标，更是严重地损害了政府的信誉，人们会认为这个政府是不诚实的，很难予以谅解。国务院曾经明令，节能不许弄虚作假，一经发现，要严肃处理。弄虚作假，只是下级欺骗上级，还没有殃及老百姓。而拉闸限电是以牺牲老百姓的利益换取自己的免责，更应当严肃查处。

对于一些地方政府的这种乱作为，国务院有责任也有权力加以制止。靠国家发改委和工信部出来表态，是没有用的。

国务院领导接收到我的建议后，于11月21日批示，请国务院办公厅迅即明令禁止。国务院办公厅于11月23日给各省区市政府和国务院各部委发出明码电报，指出：近期少数地区采取限制企业正常生产特别是居民生活用电合理需求，强制性停止火电机组发电的做法，不仅违背了节能减排的初衷，不利于节能减排的持续深入开展，也严重损害了人民群众的切身利益，危及电网安全稳定运行，是极其错误的，必须立即予以纠正。国务院的这一明令，起到了刹车的作用。

由于一些地区拉闸限电，第十一个五年规划单位能源消耗指标计划降低20%，实际降低19.1%。如果没有拉闸限电，19.1%也达不到。

2011年12月，环保部修改了环评的考核标准，对西部地区采取了“解放思想，差别管理”的政策，实际是给西部地区环评“松绑”，对此我坚决反对。我给环保部提了意见，他们说这是根据中央某领导指示办的。于是我写了一篇题为《西部地区不能走先污染后治理的老路》的文章，发表在《中国经济报告》杂志2012年5月刊上，并报给了国务院领导同志。文章的主要内容如下：

现在有一种呼声，为支持西部大开发，在环境保护问题上对西部的要求不应当过严，而应当适当放宽。这种呼声，仍基于一种老的思维，只着眼于眼前，而没有着眼于长远，因而是短视的，不可取的。

我们国家当前的环境是一种什么状况呢？可以说，东部地区已经污染得差不多了，灰霾天气已经占到许多城市一年总天数的1/3，有的甚至达到1/2，$PM_{2.5}$的排放浓度超过世界卫生组织规定的最低标准，一半的河流和城市地下水受到污染，相当多的土壤受到侵蚀。这些，都严重威胁到人民的健康。这里的问题已经不是保护而是如何治理，包袱已经十分沉重。西部地区因为开发得较晚，环境状况还没有遭到严重破坏。因此，对于这个地区的环境必须从严保护，绝不能再让西部地区走东部地区先污染后治理的老路。

以下几个情况令人非常担心：

第一，西部地区现在追求速度的劲头很大，不少省区从上个五年开始，就要求GDP五年翻一番。过分地追求速度，而且是“大跃进”的速度，势必降低对效益的追求；并且提出放宽对环境保护的要求。东部地区的实践证明，只要对环境保护稍有放松，不需要多长时间，环境就会受到破坏，而恢复环境那就要付出更大的代价，需要更长的时间，甚至是无法恢复。

第二，强调西部地区要承接东部地区的产业转移，而东部地区转移到西部地区的，就包括大量的污染企业。稍有不慎，就把东部地区的污染转移到西部地区。

第三，为了保证西部地区的快速发展，环境主管部门2011年12月发出文件，对西部地区的环评释放出“差别管理”的信号。文件中提出，“做好西部地区的环境影响评价工作，要坚持‘以人为本，协调发展；预防为主，防控结合；解放思想，差别管理’的原则”。“解放思想，差别管理” 这一条，显然对西部地区的环评不是从严，而是有所放宽。从文件中的规定来看，尽管开的口子不大，但到下面执行，那就会产生很多变通的办法。“失之毫厘，差之千里”，对此不可不防。

第四，西部地区是我国重要的生态屏障，生态环境又极为脆弱。如果这个地区的生态环境遭到破坏，无异于我们自毁长城。

应当充分认识到，西部大开发是我国继东部大开发之后新的战略布局，必须有创新的思维，吸取东部地区开发的教训，做得比东部地区更聪明，更有远见。必须从一开始，就把转变发展方式放在首位，改变粗放的增长方式为集约的增长方式，在转变中求发展；把环境保护放在首位，通过科学的环评然后再开发，实行在保护中开发的方针。我们已经处于21世纪，科学技术进步使我们有可能在开发中采取新的技术，把污染减少到最低程度。能不能做到这一点，决定西部开发的成败。经过若干年之后，如果西部地区经济发展了，但环境被破坏了，人们就会追问，已有了东部的教训，为什么还要在西部重演，谁应当对此负责？

为了不使西部地区重走东部地区先污染后治理的老路，有些什么事情值得我们注意呢？

首先，西部开发必须从容进行，决不能盲目扩大投资，敞开口消耗能源，放任GDP增长。如果全国经济的增长速度是7%～8%，西部地区就不应当超过10%，否则全国的能源供应承受不了，环境也承受不了。2011年，西部一些地区由于追求过高的速度，能源消费总量增长过快，单位GDP能源消耗不降反升，使全国的单位GDP能源消耗计划降低3.5%，实际只降低2.01%；能源消费弹性系数由上年的0.69上升到0.77。这显然不是进步，而是退步，是西部一些地区拖了全国节能减排的后腿。

其次，西部地区绝不可以饥不择食，饮鸩止渴，把东部地区的污染企业搬到西部。如果那样做，对西部地区来说，将得不偿失，因而是愚蠢的。

再次，西部地区的环境影响评价工作，必须要求从严，而不能从宽。环境主管部门应当改变“差别管理”这一条，切实把环评这一关把紧。环评不把紧，等到项目建起来，发生污染再去治理，那已经是“生米煮成熟饭”，等于自己给自己制造灾难。应当明确一条，为了保护环境，减少污染，西部地区在新建的能源、资源开发利用项目中，必须采用最新的技术和最严格的管理。这对西部地区来说，既是必需的，也是合理的，西部地区完全能够做到。为了开发西部，国家已经给了许多优惠政策，扶持西部地区的基础设施和基础产业的建设。为了改变已经形成的环境污染现状，宁肯在资金和政策上再多给一些优惠，比如适当提高已有燃煤电厂的上网电价，或者国家设一笔专项资金，支持其采取除尘、脱硝等技术措施，以及支持地方采取其他改善环境的措施，也不要在环保要求上对西部地区作出让步。有人认为，西部一些地区还有环境容量，可以在环境保护要求上放宽一些，这种思维是绝对错误的，等到没有环境容量时再进行严格要求，那为时已晚，将悔之莫及。

对于西部地区的禁止开发区和限制开发区，更应当绝对把保护环境放在中心地位。对任何破坏禁止开发区和限制开发区的违法行为，必须坚决加以制止，不能姑息纵容。对于这些地区，国家必须通过转移支付保证其对居民的公共服务水平同发达地区的水平相一致。不然，一切都是空谈。

鉴于历史的教训，对于环境保护千万不可机会主义，存有侥幸心理。在这个问题上，地方没有权力要求中央部门开口子，中央部门也没有权力给地方开口子。这一条，必须坚定不移，寸步不让。

让天空减少灰霾，让人们呼吸到新鲜空气，我从2008年起，以中国宏观经济学会会长身份，从减少燃煤电厂烟尘排放到减少$PM_{2.5}$排放，到处奔走呼吁，一直呼吁到2013年。我觉得这个呼吁是有价值的，虽然遇到很多阻力，但我仍锲而不舍。

2012年6月15日，我写信给国务院领导，建议将烟尘排放总量增列为“十二五”规划约束性指标，并采取相应的保障措施。信中说：

“十二五”规划，在环境保护方面一共列入四个约束性指标，即化学需氧量、二氧化硫、氨氮、氮氧化物。其中前两项是“十一五”规划中即列为约束性指标，后两项是“十二五”规划新增加的。这表现我国对环境保护的重视。

经过几年的酝酿，2012年2月，环保部公布了新的《环境空气质量标准》（国家标准），将可入肺颗粒物$PM_{2.5}$纳入空气质量评价和管理指标，规定自2016年1月1日起在全国实施，部分地区可提前实施。在这一背景下，环保部提前于2011年7月公布了新修订的《火电厂大气污染物排放标准》（国家标准）自2012年1月1日起执行。标准明确规定：燃煤锅炉二氧化硫排放浓度从目前的400～1200

毫克/米^{3}调整为100～200毫克/米^3；氮氧化物排放浓度从目前的450～1100毫克/米^{3}调整为100～200毫克/米^3；烟尘排放浓度从目前的50～600毫克/米^{3}调整为30毫克/米^3。重点地区，二氧化硫排放浓度调整到50毫克/米^3；氮氧化物排放浓度调整到100毫克/米^3；烟尘排放浓度调整到20毫克/米^3。所有燃煤电厂到2014年7月1日为止，都必须达到上述污染物排放限值。这一标准的制定，是积极的，达到世界上最严的标准，在技术上也是可行的。只要国家给予适当提高燃煤电厂上网电价的政策，支持电厂采取脱硫、脱硝和改造除尘器的措施，并严格监督和管理，上述规定是完全可以达到的。但时间紧迫，必须抓紧进行。

煤炭燃烧所产生的烟尘，是重要的大气污染物，含有大量的$PM_{2.5}$，还有汞等重金属，对人体健康危害很大。其中很大一部分是燃煤电厂排放的。把烟尘排放列入约束性指标，保证燃煤电厂烟尘排放浓度在今后两年的时间内首先达到国家规定的标准，对改善我国环境空气质量有重要的现实意义。

"十一五"期间，二氧化硫排放总量计划五年减少10%，由于作为约束性指标，采取的措施得力，实际减少了14%以上，超额完成了减排任务。烟尘排放，由于没有被列为约束性指标，环保部于2003年规定的火电厂2010年排放指标形同虚设。据了解，2010年有相当多的火电厂烟尘排放浓度在200毫克/米^{3}以上。如果"十二五"期间，不把烟尘排放限值作为约束性指标，国家规定的《火电厂大气污染物排放标准》将不可避免地面临"十一五"时期同样的下场，国家标准将再次失去它的权威性。

建议国务院责成有关部门对此进行研究，及早地将烟尘排放总量列为“十二五”规划环境保护约束性指标，包括限期完成燃煤电厂烟尘排放的国家标准的制定工作，并制定相应的保障措施。

国务院领导于6月16日批示：请环保部研究。

半年时间过去了，我没有得到答复。2013年1月23日，我写信给国务院领导，再次建议将烟尘排放总量增列为“十二五”规划约束性指标，并纳入2013年政府工作报告。建议说：

今年1月9日以来，中国中东部地区遍及30个城市几乎大半个中国，连续多日遭受中度或重度雾霾污染，北京市部分地区$PM_{2.5}$浓度最高时竟突破700毫克/米^3、800毫克/米^3，甚至接近1000毫克/米^3，能见度只有100米左右，严重影响了人民的生活和出行，遭到全世界的议论。这件事情，暴露了粗放的增长方式再也不能继续下去的事实，也凸显了把烟尘排放总量列为“十二五”规划约束性指标，并纳入2013年政府工作报告的重要性和紧迫性。

雾霾的来源主要是，煤炭燃烧、汽车尾气、工业喷涂和工地扬尘，必须一个一个地加以治理。我认为，2013年应当抓住颗粒物的主要来源——煤炭燃烧及燃煤电厂的烟尘排放，开展一次专项治理活动。保证燃煤电厂烟尘排放浓度达到国家标准，技术上已没有问题。2011年，上海、湛江两台30万千瓦机组的除尘器由静电除尘改为袋式除尘，烟尘排放浓度由原来的130～160毫克/米^{3}减少到15毫克/米^{3}以下，减少90%，效果明显。但这种改造需要一笔资金。国家发改委和财政部应当为燃煤电厂按时达标采取政策支持措施，以解决企业的资金不足问题。党的十八大已经提出保护优先的方针，不相信国家发改委、财政部想不出办法来。但是，时不我待，动作要快。

党的十八大以来，以习近平同志为核心的党中央，十分重视生态文明和防治环境污染。

2013年9月10日，国务院发出《国务院关于印发大气污染防治行动计划的通知》（简称《行动计划》）。《行动计划》首先直截了当地指出：大气环境保护事关人民群众根本利益，事关经济持续健康发展，事关全面建成小康社会，事关实现中华民族伟大复兴的中国梦。当前我国大气污染形势严峻，以可吸入颗粒物（PM_{10}）、细颗粒物（$PM_{2.5}$）为特征污染物的区域性大气环境问题日益突出，损害人民群众身体健康，影响社会和谐稳定。随着我国工业化、城镇化的深入推进，能源资源消耗持续增加，大气污染防治压力继续加大。为切实改善空气质量，制订本行动计划。奋斗目标：经过五年努力，全国空气质量整体改善，重污染天气较大幅度减少；京津冀、长三角、珠三角等区域空气质量明显好转。力争再用五年或更长时间，逐步消除重污染天气，全国空气质量明显改善。具体目标：到2017年全国地级及以上城市可吸入颗粒物浓度比2012年下降10%以上，优良天气逐年提高；京津冀、长三角、珠三角等区域细颗粒物浓度分别下降

25%、20%、15%左右，其中北京市细颗粒物年均浓度控制在60毫克/米^{3}左右。为此，《行动计划》规定十条措施（简称“大气十条”）。

《行动计划》的提出，说明党中央、国务院的决心是空前的。在党中央领导下，环保部门的监管和督查力度也是前所未有的。

由于有了这样强大的力度，到2017年，“大气十条”目标圆满完成。

全国地级及以上城市可吸入颗粒物年均浓度比2013年下降22.7%。

京津冀、长三角、珠三角等重点区域细颗粒物浓度比2013年分别下降39.6%、34.3%、27.7%。其中，北京市细颗粒物平均浓度从2013年的89.5毫克/米^{3}降至58毫克/米^3，五年下降35.2%；空气达标天数，2013年为176天，2017年为226天，增加了50天；2013—2017年重污染天数分别为58天、47天、46天、39天、23天，呈现逐年减少特征。

党的十九大，党中央提出2018—2020年三年的三大攻坚战，把污染防治作为三大攻坚战之一。打好污染防治攻坚战，重点是打好蓝天保卫战，进一步明显降低细颗粒物浓度，使重污染天气明显减少、大气环境质量明显改善、人民的蓝天幸福感明显增强。环保部门已经制定蓝天保卫战行动计划。

对于以习近平同志为核心的党中央，这样前所未有地重视防治大气污染和保护环境，使我深受感动，实现了我多年的心愿。

五 以上四者的内在联系

坚持稳步前进、转变经济增长方式或发展方式、改革经济体制、保护生态环境，这四者相互联系，是我国经济可持续发展的不可违反的客观规律。

第一，经济建设，必须坚持稳步前进，防止急于求成。一急就出毛病，就折腾。小急小折腾，大急大折腾。因为人的认识不同，急于求成会经常出现。因此，防止急于求成是经济建设中需要长期注意的问题。

第二，急于求成，必然是追求数量而不顾质量效益，这就是粗放经营。因此必须转变经济增长方式或发展方式，从追求速度转向追求质量效益，从粗放经营转向集约经营。

转变经济增长方式或发展方式的最大障碍：一是指导方针上放不下一个“快”字。过去相当长的一个时期，既要加快发展，又要加快转变经济增长方式或发展方式，是增长方式或发展方式转变迟缓的一个重要原因。因此，在指导方针上只能是一元论，而不能搞二元论，只能有一个中心，不能有两个中心。二是经济体制改革不到位。中央有中央的计划，地方有地方的计划。出于追求地方利益扩大化的考虑，地方的计划高出中央计划很多，主要又是依靠扩大投资和增加能源消费来完成。由于地方执行的不是中央的计划，而是自己制定的地方计划，这样，中央计划就被地方计划架空，中央所要求的转变经济增长方式或发展方式，就变成了纸上谈兵。

第三，不打破政企不分、条块分割的传统体制，就难以实现资源的合理配置，就转变不了经济的增长方式或发展方式。因此，改革经济体制，由计划经济转变为社会主义市场经济，让市场在资源配置中起决定性作用和正确发挥政府的作用，不仅中央如此，地方也如此，成为经济发展的最关键、最核心的问题。

第四，节能减排、保护环境，是转变经济增长方式或发展方式的必然要求，也是实现人与自然和谐的必然要求。只有前三个问题解决好了，而且中央下大决心，用大力量，才能够逐步解决环境破坏的问题，实现美丽中国的梦想。

叁

我的治学心得

我在大学只学习了两年，而在国家计委这个“大学堂”一待就待了41年。没有读完大学，这是一个遗憾；但在国家计委工作了41年，得天独厚，这是我的幸运。

在国家计委，我学习并养成了三种习惯和品格。

一 全局观念

宏观经济与一般经济不同，它的特点是把握国家经济的全局。在经济工作中，深受邓小平理论和陈云经济思想的影响。邓小平的打开国门搞建设、社会主义也可以搞市场经济、必须改革经济体制和行政管理体制的思想；陈云的实现现代化必须从中国的国情出发，积极而又稳重，探索“不再折腾”条件下的发展速度，计划必须瞻前顾后、注意综合平衡，注意节约资源和保护环境，经济工作要不唯书、不唯上、只唯实的正确思想，给我以极大的教育。

2005年3月25日 星期五

首届中国经济学杰出贡献奖颁发

曾培炎出席颁奖典礼并讲话 希望广大经济学工作者推进理论创新 着力研究改革发展的实际问题

获奖者薛暮桥、马洪、刘国光、吴敬琏

2005年3月24日，首届中国经济学杰出贡献奖颁奖仪式在人民大会堂举行。获奖者为薛暮桥、马洪、刘国光、吴敬琏

我喜欢读薛暮桥

和一些经济学家的文章。从他们的文章中，了解到了很多关于宏观经济分析和改革经济体制的科学见解。为了宣扬和奖励1978年党的十一届三中全会以来我国著名经济学家的杰出贡献，2005年3月，中国宏观经济学会和中国经济体制改革研究会发起设立中国经济学杰出贡献奖，聘请133位国内经济学家和经济专家组成专家委员会，薛暮桥、马洪、刘国光、吴敬琏4位经济学家获得中国经济学杰出贡献奖，这成为国内经济学界的一大盛事。

在国家计委和全国政协以及中国宏观经济学会工作期间，我很少参加省、市级的经济战略研讨会。因为在这些地方，他们都是讲怎样加快发展，跟他们唱不同调是不得体的。20世纪90年代，我和国务院发展研究中心主任王梦奎同志，参加过一次海南省省长主持的海南国土开发研讨会，省里着重讲怎样发展工业，特别是重工业。我和王梦奎讲，海南是全国唯一没受污染的一盆净水，是中国的“夏威夷”，应当着重发展旅游业和热带农业，发展工业不是海南的优势，也不符合全局利益。把这一盆净水破坏了，算总账会得不偿失。后来发现，我们的意见未能得到当时的海南省委、省政府的认同。

1978年以来，我所关注的四个问题，都是事关全局的问题，是国家长时间面临的问题。只有全局在胸，才能全神贯注。

2000年5月，全国政协经济委员会召开全国地方政协经济委员会座谈会，讨论“十五”计划，向政府建言献策。由湖北省政协经济委员会安排，会议在长江轮上举行。在会议总结时，我背诵了北宋范仲淹写的《岳阳楼记》的后半部分，说我们都关心国家大事，“居庙堂之高则忧其民，处江湖之远则忧其君”“先天下之忧而忧，后天下之乐而乐”。全国政协副主席陈锦华闻之有感，后来作诗一首，记述这件事情：“下得巫山上渝州，船行千里溯江游。同船共议庙堂策，不废江湖说乐忧。”表达了同样的情怀。

三 实事求是

陈云提倡不唯书、不唯上、只唯实。这对于每一个研究工作者都适用。对于一个宏观经济计划工作者，更具有特殊重要的意义。

第一次领会陈云的这一思想，是在1978年党的十一届三中全会召开前夕的中央工作会议上，陈云讲《对当前经济问题的五点意见》。陈云说：“我们坚持实事求是，就是要根据现状，找出解决问题的办法，首先弄清事实，这是关键问题。”他讲的第一点意见，就是要重视农民、农村和农业。他说：“中华人民共和国成立快30年了，现在还有要饭的，怎么行呢？”“如果老不解决这个问题，恐怕农民就会造反，支部书记会带队进城要饭。”这使我感到震撼。1977年11月，我参与起草的关于加快国民经济发展速度的23年设想，就没有弄清楚当时国民经济的现状，没有分析当时国民经济比例失调的严重状况，本来应当进行调整，但是根据领导意图，却来个大干快上。这件事情，现在想起来还很后怕。如果没有陈云的拨乱反正，国民经济不知道会发生什么问题。

这件事情，深深教育了我。“实事求是”成为我的座右铭，并在几十年中身体力行。

三　锲而不舍

感觉到了的东西，我们不能立刻理解它，只有理解了的东西，才更深刻地感觉到它。

一件事情，只要我认识到了，我一定跟踪到底。什么时候解决了，什么时候我的心才能放得下。

对于做学问来说，执着不是缺点，而是优点。这是一种责任心。我之所以对一些宏观经济问题穷追不舍，一次建议得不到解决，就再次甚至多次提出建议，总觉得不解决是自己没有尽到责任。

附录

访日归来的报告

（1978年6月10日）

经中央批准，中国经济代表团一行19人，于1978年3月28日到4月22日访问日本26天。代表团以林乎加为团长，段云为顾问，我和高修为副团长。这是粉碎“四人帮”之后，中国政府派出的第一个大型国外经济考察团。

代表团访日期间，同日本政界、财界、企业界、学术界人士进行了广泛的接触，了解日本战后经济发展的历史和经验，介绍中国粉碎“四人帮”以后的大好形势和新时期的任务，并就扩大中日经济贸易关系和开展技术交流交换了意见。

代表团在日本参观了著名的钢铁、造船、汽车、电子、化工、机械、纺织和轻工等工厂，共39家。还参观了港湾、码头、建筑、养鸡和养猪场、公害监视中心、三井物产公司，以及早市、百货店、超级市场、地下街、商品流通中心等。这使我们大开眼界，同时也看到了我们国家同日本的差距，增强了奋起直追的志气和信心。

我们在日本看到的工厂、企业，有以下几个特点：

一、自动化程度高，劳动生产率高

丰田汽车厂，有职工4.3万人，加上直接协作的工厂不过15万人，年产汽车270万辆。它的内燃机工厂，实现了自动化，生产20种发动机，年产240万台，完全是机械手操作，两班制，每班工人只有46人。我国长春汽车制造厂，有4.3万人，去年生产汽车4.3万辆；全国汽车行业70万人，

注：此《访日归来的报告》根据在中国社会科学院的报告整理而成。

去年生产汽车13万辆。日本汽车工业的劳动生产率等于我们的几十倍。

新日铁君津钢铁厂，有4座高炉、4座转炉，职工不到1万人，年产1000万吨钢。4000立方米的大高炉，一班只有4个工人。日方请林乎加团长操作，按一下电钮，钢就出炉了。我国鞍钢（不包括矿山）有15万人，去年产钢600万吨，每人平均40吨，日本君津钢铁厂每人平均1000吨，相当于我们的25倍。

神户港，是日本的大港口之一，每年吞吐量1.4亿吨。9个集装箱码头，按订单，从工厂运到码头，装到船上，全部由电子计算机控制。一个神户港的吞吐量，等于我国全部港口的吞吐量。

三井物产公司，是日本最大的商社之一。它有个电脑中心，24小时保持业务联系，世界上的重要情报5分钟就整理好了。

二、产品质量好，管理非常严格

过去“东洋货”中看不中用、粗制滥造的印象，现在变好了。资本家为了取得高额利润和竞争优势，努力提高产品质量、精益求精。日本政府在提高产品质量方面下了很大功夫。政府立法，不合质量标准的产品不准出厂，否则要罚款。产品质量不好，几个不顶一个用，是最大的浪费。我们的汽车，跑10万公里就要大修，日本的能跑40万公里。电视机显像管，我们现在还不过关，按规定标准用1000～2000小时，实际上有些只能用700小时，1天2小时，1年就不行了。

日本的能用1.3万小时，10年也用不坏。

三、花色品种丰富多彩，按用户需要安排生产

日本人告诉我们，过去是“我卖给你”，现在的口号是“我为你生产”。你需要什么品种、什么规格、什么式样，按你的需要生产。这样，适应性强，既有高度的计划性，又有高度的灵活性。工厂收到订货单，按订单定料，安排运输和生产加工，生产出来后马上送到用户手里。工厂不怕麻烦，接受小批量订货。丰田汽车装配线按订单装配，装的汽车型号不一样，有前开门、后开门的，有4个缸的、6个缸的。到百货公司参观，发现商品式样真多，皮带至少几百种，最好的上万元；手表上千种；皮鞋、皮包上千种。我们的轻工业品，能摆上日本大百货商店货架的很少。我们的商品是“高度标准化、通用化”，男人女人、大人小孩都能用，而且质量差，品种单调，包装不好，最好的商品在日本也只能放在地摊上卖。

四、重视环境保护

日本在20世纪60年代公害严重，1967年以后便采取一系列措施，制定保护环境法规，取得显著成就。我们看到的钢铁厂，厂区都很干净，15%的绿化面积，种果树，种花草，看不到冒烟，废气、废水都做了处理。东京、大阪看不到天空烟云弥漫，我们现在的环境污染相当于日本20世纪60年代，外宾到上海，想登上海大厦看全景，接待单位都很难安排。从日本来参观的人说：“你们环境太糟糕，没有一个好

环境，没有文明和秩序，生产不出好产品。”

五、企业工作效率高，时间观念强

时间就是利润，速度就是利润。生产任务事先安排好，生产环节一环扣一环，谁都不愿因耽误时间而受罚。办事手续简便，说干就干。

六、情报非常发达，消息灵通

企业负责人精通业务，不仅了解本厂情况、国内情况，对国外情况也了如指掌。我们现在基本不了解国外情况，国内情况也不是很了解。我们的电子元件降价出卖，10元的卖1元，库存有大量元件，但工厂还一个劲生产。广州交易会出口商品同外国没法比，海鸥牌照相机在国外卖不出去，焦距半天也对不好。人家一般家用的照相机，已经是自动快门、自动对焦距。我们太闭塞了，消息不灵通。千辛万苦，费那么多原料、动力生产出的东西，放到仓库里卖不出去。

日本的这些方面，都值得我们借鉴。

20世纪50年代以来，主要是60年代的10年间，日本经济高速增长，成为一个经济大国。

1960—1970年，日本的国民生产总值从相当于430亿美元增加到2000亿美元，增长3.6倍，平均每年增长16.6%；钢产量，从2200万吨增加到9300万吨，增长3.2倍，平均每年增长15.5%；发电量，从1100亿度增加到3600亿度，增长2.3倍，平均每年增长12.6%。

20世纪70年代，日本经济继续高速增长。1977年，日本国民生产总值达到6800亿美元，钢产量达到1.02亿吨，发电量超过5000亿度，汽车产量850万辆，造船1000多万吨，乙烯产量400万吨，电视机产量1500万台；对外贸易1500亿美元，顺差近100亿美元。1978年3月底，外汇储备近300亿美元。市场商品丰富，人民生活水平较高。

日本是个最大的原料加工国。煤炭77%靠进口，棉花、羊毛、有色金属100%靠进口。据1976年统计，主要原料进口达300亿美元，包括2.6亿吨原油（210亿美元），1.3亿吨铁矿石（23亿美元），6000万吨煤炭（5.6亿美元），73万吨棉花（9亿美元），28万吨羊毛（6亿多美元），铜、铝等有色金属合19亿美元。将这些原料加工成成品，出口的部分卖了400亿美元。仅钢材一项就卖了100多亿美元，船舶和汽车卖了170亿美元，电视机、合成纤维、摩托车、收音机等加在一起卖了约100亿美元。一般情况是，原料进口加工成成品，留下1/2～2/3作为国内消费用，其余的出口。熟练工人工资每月20万日元。几乎每个家庭都有小汽车，不愁没钱买，而是愁没处放。日本是个加工国，进口1吨原料是43美元，出口1吨商品是100美元，基本上是卖技术。

日本日中经济协会会长稻山嘉宽先生给我们讲，日本人善于变不利条件为有利条件：

（1）日本资源缺乏，什么都没有，就发展加工贸易，进口原料经过加工，变成产值更大的工业品，除了出口，国内什么都有了。

（2）日本是个岛国，四面被大海包围，就发展造船业，造船总量占世界一半，做到了四通八达，使大海为日本服务。

（3）日本国土面积小，只有37万平方公里。没地皮建工厂就填海造地。君津钢铁厂填海造厂房，不仅有了厂房，而且有了深水港，可进10万～20万吨的船。

我国同日本相比，条件好多了。山西省煤储量4000亿吨，一年开采4亿吨，100年也开不完。我国国土面积大，资源丰富，把有利条件利用起来，就可以赶上他们。

日本经济飞跃发展，关键是三条：

一、引进先进技术，把世界上的先进东西拿到自己手上

据日本官方统计，自1950年到1975年，从国外买了2.6万项技术专利，只花了58亿美元。其中，50年代买了3000项，60年代买了1.2万项，70年代前五年买了超过1万项。原则是谁先进买谁的，兼采世界各国之长。如钢铁工业，连续铸锭、冷热轧，都是美国专利，部分是苏联专利。昭和电工公司的乙烯工厂，有美国、德国、法国的专利。买来后迅速吸收、消化、革新、创造，广泛应用，然后再出口。到目前为止，技术进口还是比技术出口多。1975年买了7.1亿美元，出口1.6亿美元。日本人自己说，日本的科学技术过去是准备阶段，现在才进入自己的发展阶段，但引进的比例还相当大。开始以引进成套设备为主，后改为引进专利，现在又注重购取实验室技术，在试验阶段就搞过来，试制成功后投入市场，参与竞争。美国说日本向美国倾销，美国要采取措施，也去日本卖货。日本说："欢迎你来卖，问题在于你有没有竞争能力，竞争不过我们就骂我们倾销，这不公平。"由于引进先进技术，日本节约了大量摸索时间和实验经费，很快跃为先

进行列。美国杜邦公司发明尼龙，花了11年时间，用了2500万美元。日本东丽公司花700万美元买来专利，投产2年，就净赚9000万美元。我们的彩色显像管，如果在1974年就进口设备，去年即可投产，年产50万台。但江青说要自己研究，至今已5年还没有过关。现在还是决定从日本进口设备，最快1980年才能投产。日本人说，在这上面胆子要大些，小手小脚不行。人家已经行之有效了，你还关门研究？！

二、充分利用国外资金

战后的日本，主要由美国借资金给它。八幡制铁所是靠中国大冶的铁矿石起家的，稻山嘉宽先生于战后去美国，打算买200万吨废钢铁，美国人说你太小气了，应当发展自己的钢铁工业，没钱、没技术我可以帮助你。结果，从美国借钱办起了新的钢铁厂，两年就把借的钱还上了。日本企业自有资本只占20%，80%是银行贷款。在日本，1亿元资本可以做10亿元甚至15亿元的生意，而我们的比例只有1∶1。日本银行的资金来源有三个：一是国内存款，主要是居民储蓄。1976年国内存款相当于1000亿美元。二是海外借款，近年来每年短期借款（1年以内的）250亿美元左右，长期借款约为10亿美元。三是吸引外币存款，每年在60亿美元以上。

三、大力发展教育事业和科学研究，培养科技人才

许多日本人士指出，日本经济高速发展的原动力在于重视教育。日本明治维新时代就提出：求知识于全世界。教育

事业发达，科技水平高，能很快消化掌握引进的技术。现在日本高中生就学率为90%左右，大学生就学率为40%左右。工厂很重视技术培训，大学毕业后进厂也要培训。每个企业都有一个相当规模的产品设计和研究机构，资本家不惜为此付出大量资金。

日本这三条经验，我们也可以用。

要加快四个现代化，当然要坚持自力更生，同时也要学习外国一切民族的长处，大胆引进国外先进技术，为社会主义服务。列宁提出过，要使苏维埃强大起来，就要“在经济上极力利用、加紧利用和迅速利用资本主义的西方”。日本采取“拿来主义”，后来居上。我们在保证国家主权的前提下也可以这样做。邓小平同志说，要把20世纪70年代的水平作为我们的起点。我们已经在这样做。上海宝钢，买日本技术，建成后一下子就能达到70年代的水平。显像管也是。利用国外资金，日本可以用，我们也可以用。一是借款，二是利用国内存款。世界上任何一个国家都有借款和存款，包括最富的美国，哪有银行之间不相往来的？人才的培养是我们的要害问题。“四人帮”在这方面的破坏，远比少出多少万吨钢严重得多。1965年以后毕业的大学生，几乎没学什么东西。邓小平同志抓科教，真是抓到点子上了。现在进口了机器不会操作，有的还搞坏了。要千方百计加快培养人才，不拘一格选拔人才。香港一刊物发表文章，说我们为什么不管管人才方面的浪费。我们确实是一方面缺少人才，另一方面浪费人才。我们相信，只要认识了教育的重要性，认识了培养人才的重要性，我们就能及时采取措施，解决这个问题。

中国经济代表团访日归来后，向中央提出以下的建议：

（1）有计划地从国外引进成套设备，重点解决燃料、钢铁有色、化工这三个方面的需要。设计委托国外做；资金用国外的设备贷款，或者采用补偿贸易的办法解决。引进成套设备，要严加控制，不能一拥而上。

（2）买专利。三五年内，买它几千以至上万项专利，改造我们的工艺，改造整个机械工业，把各行业的生产技术提到一个新水平。现在我们的机械工业很落后，如果不在三五年内大改造一下，以后还要大量进口设备。我国的轴承、泵、阀门、开关等基本的东西都不行，电梯开到半腰不动了，就是因为轴承不灵。买专利，人家要求报产量，我们以为这是丧失主权，不愿报，人家就按你几亿人口估产量，多算几十倍的钱。其实国际惯例都这样，没有什么丧失主权的问题。引进专利和设备，使用、研究、消化的工作必须跟上。

（3）进口一批装配线，用国外的零部件装配出成品，用于国内需要或者出口。这样做，花钱不多，掌握技术快，学会一种零件的生产就减少一样进口，比买成套设备自己建厂装配来得快。

（4）请外国专家。引进设备一定要买专利，还一定要请外国专家，这不会花多少钱。同时，积极派实习生和留学生，到国外企业实习和到国外学校学习。

（5）扩大出口，多搞外汇。我们实在不会做生意。到国外一看，好多东西可以出口，就是质量不行，或者就是包装不行，一等的产品卖三等的价钱。日本和美国每年进口服装40亿美元，其中33亿美元的服装是从亚洲进口的，大部分从中国香港、韩国、中国台湾进口，我们只占1000万美元。日本每年进口100万～200万吨鱼，如果我们向日本出口20万吨，就可以收汇5亿美元，等于出口500万吨原油。我们的海岸线长，可以打鱼出口；没船可以买船，用鱼来还船款。日本人说："外汇在水上漂，看你去捞不去捞。"

韩国在国外给人盖房子，一年可拿10亿美元。我们与科威特联系盖房子，至今未订下合同。我们的管理机构好比是"超大型集成电路"，线路弯弯曲曲，不知什么地方短路就卡住了。

1977年，"亚洲四小龙"的出口情况是：韩国100亿美元，新加坡80亿美元，中国台湾93亿美元，中国香港95亿美元。中国大陆（内地）只有76亿美元，潜力大得很。

除正常外贸外，可干的还有几件事情：

一、搞来料加工

如服装，可进口原料，按国外需要的样式加工。"亚洲四小龙"就是利用廉价劳动力搞加工。我们的平均工资低，更可搞加工。问题是劳动生产率太低、管理费太高。香港1人1天可做42件服装，我们只做十几件，这可以改进。这项工作可以在上海、天津、北京、广州先搞起来。

二、搞农副产品出口基地

在广州等地搞，将农副产品直接运至中国香港、中国澳门和日本。香港讲究吃鲜活产品，活猪现宰的12港元1斤，冻肉只有6港元1斤。

三、充分利用香港、澳门转口

把出口贸易搞好，必须解决质量次、品种单调、不按合同期限交货的问题。我们的银行信用是世界第一，履行商业合同的信用是世界倒数第一。夏衣到冬天才运到，不合时令，只好摆在地摊上削价出售。不守信用，再说社会制度好也不行。解决这些问题，必须实行几个转变：

（1）从以产定销转到以销定产。不是我生产什么卖什么，而是用户需要什么就生产什么。

（2）从以量胜质转为以质胜量。

（3）担负出口任务的企业，从以生产数量作为考核标准转到以换汇率作为考核标准。

（4）从关门搞生产转到开门做生意。现在出口产品，生产工厂同外商不见面，既不了解国外需要，也不了解国外技术。应当在外贸部的安排下，实行产销企业直接见面。

中国经济代表团的这些建议，得到中央的重视。